간다라에서 법성포까지

불상의 기원을 찾아서

간다라에서 법성포까지

불상의 기원을 찾아서

초판 1쇄 발행일 | 2022년 5월 8일

지은이 | 최종걸
펴낸이 | 고용석
펴낸곳 | 다우출판
책임편집 | 강동준

출판등록 | 제2016-000069호(2005년 2월 22일)
주소 | 서울시 마포구 토정로 222 한국출판콘텐츠센터 422
전화 | 02-701-3443
이메일 | onbooker@gmail.com

ISBN 978-89-88964-59-0 03320

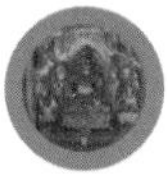
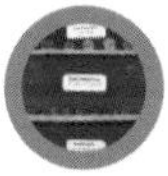

간다라에서 법성포까지

불상의 기원을 찾아서

최종걸 지음

다우

○○○ 작가의 말

누구나 삶의 크고 작은 미혹과 영욕의 고비마다 찾는 곳이 있을 것이다. 절이든 교회든 성당이든 영혼을 치유하고 다시 일으키는 종교적 공간도 그중 하나라고 본다. 나도 그렇다. 나는 산과 절을 찾았다. 시간이 날 때마다 가고 싶은 산을 갔고, 거기에는 절이 있었다. 절은 어디 절이든 좋았다. 때론 부처님 앞에 무릎을 꿇고 108배를 올리거나 운 좋으면 스님께 차 한 잔을 얻어 마시기도 했다. 그 산과 절을 찾은 지 40여 년이 흘렀다. 심지어는 사회 첫발을 내디딘 지난 1988년 연합뉴스 출퇴근길에도 서울 도심 한복판의 대한불교조계종 조계사 앞마당을 거쳐 갔으니 비승비속길이라 해도 틀린

말은 아닐지도 모른다.

그 길, 조계사에서 인연 맺은 스님이 어느 날 옛 왕찰 강남 봉은사로 소임지가 바뀌면서 글을 써보라고 권유했다. 봉은사 사보《판전(版殿)》에 한국 사찰의 창건설화를 쓰는 일이었다. 스님께서 주신 글쓰기 숙제는 화두 수행이었다. 각 절에 서려 있는 발원을 살피는 일은 화두나 다름없었다. 이 일은 내게 완전한 행운이었다. 잠시 들러 숨 고르고 물이나 마시고 스쳐 지나갔을 절에 얽힌 발원을 알아내는 글쓰기였기 때문이다.

천년 고찰 옛 절의 창건설화나 사적을 쓰는 것은 수행 그 자체였다. 쓰는 동안만큼은 마음의 고요와 평안이 찾아왔다. 지나왔던 절을 회상하고 찾아가야 할 절에 대한 설렘 속에 그렇게 지난 2015년부터 5년을 썼다. 천년 고찰은 발원이라는 무형의 마음이 사찰이라는 유형으로 나타났음을, 또 민초들의 염원과 불자들의 마음이 깃든 것을 깨닫는 것만으로도 수행이 되었다. 2년 전 이를 모아《천년 고찰 이야기》라는 책으로 펴냈었다.

인연은 인연으로 이어졌다.《천년 고찰 이야기》를 지인과 스님들의 보시로 나누는 동안 한국불교태고종 종단지《한국불교신문》에 기고 청탁을 받았다. 글을 연재할 수 있도록 귀한 지면을 배려해주신 한국불교신문 발행인이신 호명 스님(한국불교태고종 총무원장)과 주필 승한 스님 덕분이었다. 오랫동안 가슴에 묻어둔 간다라 불교의 뿌리와 불상의 기원을 쓸 기회를 주셨다. 이는 '최종걸-불상의 기원과 변화를 찾아서'라는 제목으로 한 해 동안 연재했다.

불상은 동서양 문화 문명이 융합된 헬레니즘 문화에서 나온 불교의 상징이다. 기원전·후 1,000년 동안은 국제질서의 한 축이 불교와 불상을 통한 교류라 할 만큼 활발했다. 유럽과 인도를 잇는 비단길(실크로드)의 중심지였던 간다라 지역은 헬레니즘 문화가 개화를 했고 열매를 맺은 곳이다. 그 문화의 상징인 불상이 간다라 출신의 마라난타 스님 덕분에 백제에 불교와 함께 전해졌다. 그 역사적 과정을 지금에 이르러 직접 둘러본 또 하나의 순례기로 적어 나갔다.

한편 간다라의 여정은 동서양의 신(新)실크로드를 복원하고 싶다는 작은 바람이기도 하다. 한때 간다라 지역의 문화 문명 중심지들은 예전의 영화는 온데간데없고 빈터와 파괴된 유물지만 남아 있다. 한반도보다 3.5배나 큰 영토에 에너지 자원, 식량자원, 관광자원을 보유한 나라였다는 것이 무색할 정도이다. 미네랄이 풍부한 광물자원과 세계 4대 평야의 하나인 펀자브평야, 인류 문명의 발상지인 인더스문명과 대승불교와 불교 미술의 고향 간다라, 이슬람 문화의 보고, 시크교 창시자의 고향, 히말라야 최고봉 등 필설로 다 하지 못할 조건을 갖춘 나라이기 때문이다. 조만간 역사의 긴 잠에서 깨어난다면, 간다라와 영광 법성포로 이어진 우리의 옛 인연을 되살려 동반해야 하는 나라다. 새로 이어질 그 인연을 복원하는 염원도 순례기에 담았다. 언젠가는 신실크로드를 통해 마라난타 스님이 기항했던 영광 법성포에서 중국 절강성을 통해 파키스탄을 거쳐 유럽으로 이어지기를 기원한다.

마라난타 스님의 포교길이 우리 땅에 닿은 곳은 영광 법성포다. 마침 필자의 고향이기도 하다. 연재를 마치고 돌아보면, 이를 쓴 것이 행운이 아니고서는 다른 말로 표현할 길이 없다. 이를 책으로 엮기 위해 글을 손보며 나 역시 인생 전반부 순례기를 쓰는 마음으로 임했다. 졸문이지만 불가와 인연 맺은 회향이라 여긴다. 정말 깊고 깊은 인연법, 모두 부처님의 은덕이다. 이 책이 나오기까지 사진 제공을 아끼지 않은 김종기 기자님, 영광군청, 대한불교조계종 총무원이 있었다. 그리고 자문과 자료제공에 흔쾌히 도움을 준 박교순 박사와 활안 한정섭 스님께 감사드린다. 또 졸문을 꼼꼼히 챙겨 버젓한 책으로 거듭날 수 있게 한 다우출판 고용석 대표와 관계자들의 수고로움이 함께했다.

-전《연합뉴스》기자,《천년 고찰 이야기》저자

간다라에서 법성포까지

불상의 기원을 찾아서

차례

프롤로그

2,000년 전으로 떠나는 사상의 순례기

고대 불교 초기에는 부처님을 인간의 모습으로 형상화하지 않았다. 그것은 주로 당시 불교도들의 신앙, 불타관(佛陀觀: 부처님을 어떻게 보느냐)과 깊은 관련이 있다. 당시에는 불상불가론(佛像不可論)이 주된 기류였다고 여겨진다. 이는《아함경》에서 찾아볼 수 있다. 부처님이 죽림정사에 있을 때 임종을 앞둔 밧칼리라는 스님이 있었다. 부처님이 달려오자 스님은 일어나 예배를 드리려 했고, 부처님은 손을 잡아 자리에 누이고는 이렇게 말했다. "이 썩어질 몸을 보고 절해서 무엇하겠느냐. 법을 보는 자는 나를 보고 나를 보는 자는 법을 보리라"고 하였다. 또 불교를 믿기 전 고대 인도인들의 신앙인 베다 종교는 신상을 만들어 그곳에 예배하는 것을 배척했다. 베다 경전인 《야주르베다》를 보면 "신의 이미지는 없다"라고 기록되어 있다. 이 같은 고대 불교의 불타관과 고대 인도인들이 가졌던 신앙관에 의해 신상이 만들어지지 않았다고 한다. 그렇다면 우리가 절에 가면 늘 보고 경배의 대상으로 삼고 있는 불상은 언제부터 어떻게 조성되었을까? 이 책은 불상을 찾는 기나긴 이야기를 담았다. 그곳은 지금의 파키스탄과 아프가니스탄을 아우르는 간다라라는 곳이었다. 간다라에서 어떻게 부처님을 사상 처음으로 인간의 형상으로 만들기 시작했을까?

그 옛날 영광 아무포(阿無浦, 지금의 영광 법성포) 앞바다에 낯선 배 한 척이 들어왔다. 때는 백제 침류왕(384) 시절, 마라난타 스님 일행이었다. 이들보다 며칠 먼저 도착한 것도 있었다. 바로 돌로 만든 불두(佛頭, 부처님 머리상)였다. 이에는 사연이 있다. 당시 중국 절강성에서 백제로 가는 뱃길—그것도 돛단배로—은 결코 순탄치 않았다. 마라난타 스님이 간다라에서 머나먼 포교길에 나서기에 앞서 스승에게 작별을 고하자 스승은 불두를 건네면서 혹시 항해 중 배가 위기에 처할 시에 이 불두를 바다에 던지라 했다. 과연 간다라에서 중국 동진을 거쳐 백제로 오는 바닷길 한가운데서 폭풍우를 만났다. 스승의 당부대로 불두를 바다에 던졌더니 바다가 잠잠해졌고,

순탄한 항해 끝에 돛단배는 법성포 포구에 안착했다. 그런데 놀랍게도 불두가 먼저 포구에 도착해 있었다.

스님의 기착은 기이한 일로만 끝나지 않는다. 마라난타 스님 일행과 불두를 포함한 성물(聖物)은 이후 이 땅의 정신문화의 개화를 예고한 것이었다. 간다라는 동서양 문화·문물을 융합한 헬레니즘 문화의 중심지라는 점에서 그 문화가 유입됐기 때문이다.

마라난타 스님은 지금의 파키스탄 탁실라 지역의 브라만 계급의 아들로 태어나 석가모니 부처님 제자의 길을 택했다. 이후 중국으로 포교길에 나서 전법을 펼치다 백제 침류왕의 간곡한 요청으로 백제 왕사로 왔다. 이때 간다라 문명의 정수인 불경과 불상, 불탑 등 다양한 성물도 함께 전파된다.

마라난타 스님은 백제 왕에게 자신이 온 포구를 기념하기 위해 백제 첫 기항지인 법성포 인근 모악산에 백제 불교의 첫 사찰을 창건하자고 건의했다. 하여 부처님이 오신 첫 번째 사찰이라 해서 후대에 불갑사(佛甲寺)로 명명했고, 나무아미타불이 온 포구라 해서 아무포라 했다가 성인이 불법(佛法)을 전하기 위해 온 포구라 해서 법성포(法聖浦)로 이름을 바꿨다. 이 밖에도 모악산(불갑산) 8부 능선에는 바다에서 부처님이 왔다는 해불암(海佛庵)이 있고, 함평에는 부처님 손자를 뜻하는 손불면(孫佛面)이 있는 등 불가와 인연이 있는 지명들이 영광군과 인근 곳곳에 있다. 마라난타 스님과의 인연을 뜻하는 지명들이다. 마라난타 스님의 불법과 이적은 《삼국유사》의 다음과 같은 기록에서도 찾아볼 수 있다.

하늘과 땅이 일어날 때
대개 재주 자랑하기 어려운데
스스로 깨우쳐 노래와 춤으로
주변 사람들을 이끌어 눈뜨게 하네.
天造從來草昧間
大都爲伎也應難
翁翁自解呈歌舞
引得旁人借眼看
—권3 〈흥법(興珐)〉 제3

그 마라난타 스님이 태어났고 불법을 전했던 길을 찾는 기회는 우연처럼 다가왔다. 지난 2012년 파키스탄 간다라문화협회 초대로 스님과 불교학자, 불자들과 함께 간다라 순례길에 나서지 않겠냐는 제의가 있었다. 순례단 중 마라난타 스님이 왔던 영광 출신인 덕분이었다. 고향 문화의 뿌리를 제대로 알 수 있는 기회였기에 마다할 이유가 없었다. 간다라에서 법성포로 이어지는 마라난타 스님의 길을 역으로 찾는다는 건 설렘 이상이었다. 불갑사 지붕의 스투파와 바다를 건너온 불두를 볼 때마다 늘 궁금했던 곳이었기 때문이다. 순례길은 384년 당시 수개월이 걸렸던 걷고 항해했던 길이 아닌 스무 시간밖에 안 걸린 하늘길이었다. 그 하늘길은 켜켜이 쌓아온 문화·종교·역사의 비밀을 풀 수 있는 황금열쇠를 찾는 길이기도 했다.

첫 기착지 파키스탄 라호르 공항은 마치 영광 법성포와 같은 첫 기착지였다. 그곳에서부터 2,000년 전으로 떠나는 사상의 순례기가 시작되었다.

죽림정사(竹林精舍)

중인도의 마가다국에 있었던 불교 최초의 절이다. 가란타죽림(迦蘭陀竹林)이라고도 한다. 마가다 왕국의 수도였던 라자그리하에 있었다. 가란타 장자(迦蘭陀長者)가 소유하고 있던 대나무 정원으로 처음에는 니건자(尼犍子, 자이나교)가 소유하고 있었으나, 장자가 불교에 귀의하면서 이곳을 불교의 승원으로 바쳤고, 빔비사라가 가람을 짓게 하였다.

당(唐)의 승려 현장은 《대당서역기》에서 죽림정사 서남쪽으로 5~6리 가면 남북쪽 큰 대나무 숲 속에 커다란 석실이 있다고 언급하고, 이곳이 석가모니 부처가 열반에 든 뒤 마하가섭 존자가 대아라한 999명과 함께 삼장을 결집했던 곳이라고 소개했다. 이곳이 칠엽굴(Saptaparni cave)로, 현장의 언급에 따르면 동굴 앞에는 마가다 왕국의 아자타샤트루 왕이 경전 결집을 위해 모인 대아라한들을 위해 지어 준 건물의 터도 남아 있었다고 한다.

《야주르베다(Yajurveda)》

고대 인도의 브라만교 성전인 네 가지 베다 가운데 하나. 제사의 예법과 제사 때 쓰이는 노래를 집성한 경전이다. 야즈나의 형식에 대해 말하는 경전인 《야주르베다》는 크게 브라흐마나의 내용이 많이 포함된 크리슈나(Krishna, 黑) 야주르베다와 크리슈나 야주르베다에서 브라흐마나의 내용을 분리한 수클라(Shukla, 白) 야주르베다로 나뉘며 《리그베다》에서 인용해 온 야즈나 의식의 진행과 관련된 고풍스런 만트라와 시구로 구성되어 있어 현실적인 성격을 가진다.

1 대승불교와 불상의 시초가 된 간다라

순례단이 찾은 간다라에는 고대시대 때 쿠샨 왕조 카니시카 왕이 있었었다. 그 왕 때부터 불상이 출현했기 때문에 우선 카니시카 왕 시절 당시를 전후로 간다라 역사를 살펴볼 필요가 있다. 다양한 민족과 종교와 문화가 다른 사람들에게 불교를 전파하는 과정에서, 당시 사람들이 믿고 있던 신들의 초상을 대신하여 부처상을 만들었기 때문이다. 카니시카 왕은 부처님의 불상과 함께 전생과 일대기를 조각하여 불탑과 사원을 간다라 곳곳에 조성했다. 불교라는 종교를 통해 체제를 굳건히 하면서 왕의 신격화 정책을 동시에 편 것이다.

영광 법성포 소재 간다라유물관 내 '마라난타의 길' 지도. (사진 제공: 영광군청)

카니시카 왕이 통치했던 간다라 지역과 간다라 불교는 오늘날 한국불교의 시원과 같은 곳이다. 절에 가면 경배의 대상으로 삼고 있는 불상과 불경이 간다라 지역에서 처음 전래했기 때문이다. 그로부터 유래한 불상들이 시대에 따라, 사부대중(四部大衆)의 발원에 따라, 유구한 불교사에 다양한 형태로 진화했다. 따라서 한국불교 문화에서 빼놓을 수 없는 불상의 기원에 대한 시원을 찾아보는 것도, 불교가 말하는 마음을 어떻게 불상으로 표현했는지 이해하는 데 큰 도움이 될 것이다. 한국의 전통 불상은 다양한 형태로 각 전각을 외호하거나 수호하는 호법 신장 겸 승속의 간절한 발원을 담은 상징이기 때문이다.

그 시원인 간다라 불교의 이해 없이는 한국불교를 알 수 없다. 간다라 지방에서 대승불교와 불상이 처음으로 세워졌고, 동굴에 유화로 처음 부처상을 표현했기 때문이다.

지난 2012년 그곳으로 순례에 나섰다. 당시 함께한 불교학자들에 따르면, 불상이 조성되기 이전에는 상징으로만 나타냈고, 사람을 닮은 상이나 그림으로도 나타내지 않았다고 한다. 부처님을 보리수 혹은 일산(日傘) 등 상징물로 표현하거나 공간으로 남겨놓기도 했다. 이를 고대 그리스나 로마의 문화 영향을 깊게 받은 간다라 미술가들은 부처님을 좀 더 사실적으로 표현했다. 부처님이 깊은 명상에 들어 있는 얼굴로 표현하기도 하고, 부처님 손을 수인으로, 짧은 머리는 틀어서 머리 정상에 매어놓고, 옷은 우아하게 접혀서 드리운 형태로 상을 조성했다.

이러한 조각상은 유행이 되어 거의 모든 불교국가에서 절을 세울 때 불상을 조성하는 기초가 됐다. 이를 가능케 한 건 융합된 문화 문명의 영향이었다. 마케도니아의 알렉산더대왕(Alexander the Great, 기원전 356~기원전 323)이 인도 침략의 동방 원정을 통해 남긴 것이 있다면 그리스 문화를 전파했다는 점이다. 이 때문에 동서 문화가 교류하고 융합하여 헬레니즘 문화가 탄생하였고, 그 영향으로 새로운 예술 양식인 간다라 예술이 탄생하였다.

간다라 지역과 역사

고대 간다라 왕국은 오늘날의 아프가니스탄과 파키스탄 북서부를 포함한 지역으로, 이슬람교가 창시되기 수 세기 이전부터 중요한 상업중심지로 번창하였다. 이곳은 아프가니스탄 수도 카불과 파키스탄의 수도 이슬라마바드를 포함하고 있으며, 동서양을 잇는 중요한 교통요충지인 실크로드였다. 카불의 북쪽에는 바미안이 있고 이 주위는 힌두쿠시산맥으로 간다라의 한 부분이다. 바미안 대석불이 있는 곳이다. 다른 한 축은 파키스탄 페샤와르와 스와트 지방이 포

라호르 박물관에 소장 중인 부처님상.

라호르 박물관에 소장 중인 부처님상.

함되어 있다. 이 두 지역은 간다라 문화·문명·역사에서 중요한 곳이기도 하다.

압축하자면 간다라 지역에 인간 문명이 시작된 지 6,000년이 넘지만, 역사에 기록된 것은 기원전 530년 페르시아의 다리우스 1세가 간다라 지방을 정복하고 자신의 왕국으로 종속하면서부터다. 그 후 기원전 333년 알렉산더대왕이 다리우스 3세의 군대를 격파함으로써 페르시아를 정복하고 기원전 327년까지 간다라 지역을 통치하였다. 알렉산더대왕이 죽자 그의 뒤를 계승한 셀레우코스(Seleucus)가 페르시아와 메소포타미아 지역을 통치하였고, 셀레우코스는 페르시아 동쪽에 있는 찬드라 굽타 마우리아(Chandragupta Maurya)가 통치하는 지역을 탐내고 침입했다가 패퇴했다. 이후부터 간다라 지방이 마우리아 왕국으로 편입돼 그 후 찬드라 굽타는 간다라 지역을 통치했다. 그가 죽자 아들 빈두사라가 아버지 뒤를 이어 이 지역을 통치하였고 기원전 272년 그의 아들 아소카 대왕(재위 기원전 273~기원전 232)에게 대업을 물려주었다. 바로 아소카 대왕 때부터 이곳에서 불교문화가 꽃을 피웠다.

라호르 박물관에 전시 중인 불두.

불교, 전쟁의 상처와 상흔 치유

제국을 건설하며 숱한 전쟁을 벌인 아소카 왕은, 전란의 상흔과 피폐한 민심을 보며 무상(無常)을 느끼고 불교로 개종하게 된다. 간다라 불교문화를 오랫동안 연구한 민희식 박사에 따르면, 그리스·로마의 문화적 영향이 있기 전 약 500년간 석가모니 부처님의 불상은 존재하지 않았다. 석가모니 부처님 적멸 500년이 지난 이후, 신을 인간의 형상으로 표현한 그리스 문화의 영향을 받은 최초의 불상이 출현했다. 그 불상이 간다라 예술을 상징한다. 인도에서는 인간이 계속 생로병사를 되풀이한다는 윤회 사상이 강했고, 우주 생성의 일부로서 중생의 삶도 쉬지 않고 변하기 때문에 인간은 생로병사에서 벗어날 수 없다고 생각하였다. 그 때문에 인도불교에서 부처님의 가르침에 의해 깨달음을 얻는 일이 우선이지 불상을 조성하여 경배하는 것은 중요시되지 못했다. 그래서 인도에서는 스투파(사리탑)를 비롯해 부처님을 상징하는 유물은 남겼지만, 부처님의 열반 후 500년간 불상을 조성하지는 않았다.

아소카 왕 때 불교가 간다라 지역에서 개화한 이후 쿠샨 왕조 카니시카 왕 때 융성하면서 불상이 처음으로 만들어지고 부처님 전기나 경전도 결집하면서 이를 바탕으로 수많은 불교 조각이 조성됐다고 한다.

불상 통해 희망 갈구한 이교도들

쿠샨족은 불교 이전에는 조로아스터교를 믿어왔다. 이 종교는 인간이 죽은 후 천국이나 지옥에 가는 문제를 심판할 때 인간에게 자비를 베풀어 광명세계로 갈 수 있는 희망의 기회를 주지 않았다. 그 때문에 조로아스터교 신자들은 사후세계에 대하여 매우 불안해했다.

이 무렵 불교로 개종한 카니시카 왕은, 불상과 탑을 곳곳에 전파한다. 그런데 이 과정에서 조로아스터교의 신의 대상이 불교화하는 모습이 나타난다. 예를 들어 그들이 모시는 빛의 신은 불교와 만나 점차 영원한 광명의 '아미타불'이 되었고, 모든 사람을 구하는 페르시아 사막의 물의 여신 아나히타는 자비에 넘치는 '관세음보살'이 되었다. 태양신 마트라는 세지보살이 되어 점차 삼위일체적 사고로 불교의 '아미타 삼존불'로 등장한다. 한편 중국에서는 로마에서 포도주를 수입하여 마셨는데 이 포도주를 담았던 빈 원통형 질그릇에 약초를 담아 인도와 페르시아에 역수출하여 팔았다. 이것을 중앙아시아인들은 동방에 병을 고치는 부처가 있다고 생각함으로써 동방의 '약사여래'가 나타나게 된 것이다. 인도에서는 부처님의 성불을 정진의 결과라고 여겼다. 반면 간다라 지역에서는 과거에 많은 좋은 일을 한 결과 여래가 된 것으로 생각하였다. 이에 관한 붓다의 수많은 전생 이야기가 생겨났고 이를 바탕으로 부처님 전기를 조각으로 조성하는 배경이 되었다.

이처럼 쿠샨 왕조는 페르시아 종교에 인도의 윤회 사상을 도입하여 자신들만의 고유한 불교로 발전시켰다. 그러면서도 부처님의 가르침을 따르는 일보다는 이타행을 바탕으로 한 불교 교단의 유지 발전을 도모했다. 여기에서 대승불교가 탄생하게 되었다. 기록에 따르면 간다라 불교 전성기에는 6,000여 개의 사원이 있었다고 한다. 간다라 미술은 헬레니즘, 로마계, 이란계 유목민, 인도 등 여러 문화가 융화되어 이루어진 것이 특징이다. 파키스탄 간다라 지역의 탁실라와 스와트, 아프가니스탄의 카불과 나가라하라 등에서 여러 고대 도시와 불교사원 유적발굴을 통해 확인됐다. 간다라 불교는 기원전 1세기에서 기원후 6세기까지 융성했고 최초 불상은 1세기 전반에서 중반에 이르는 사이에 조성된 것으로 보고 있다.

탁실라 박물관에 전시 중인 고행상.

INFORMATION

아소카 대왕(Ashoka the Great)

인도 최초의 통일대제국을 건설하고 불교를 장려한 왕. 기원전 273~232 년경 마우리아 왕조의 제3대 왕이다. 아소카 왕 시대에 제국의 판도는 서쪽으로는 오늘날의 파키스탄과 아프가니스탄, 동쪽으로는 오늘날의 방글라데시와 인도 아삼(Assam)주 지역, 남쪽으로는 타밀나두 지역을 제외한 인도 남부 케랄라주에 이르렀다. 남부의 일부 지역을 제외하면 사실상 인도아대륙(亞大陸) 전역을 아우르는 대제국으로 건설했다. 왕자 시절 아소카는 부왕(父王) 빈두사라의 팽창 정책을 도우며 명성을 쌓아나갔다. 마우리아 제국의 넓은 판도를 아소카 왕대에 이르러 완성했다.

카니시카(Kanishka, 카니슈카) 왕

재위 128~151. 고대 인도, 쿠샨 제국의 제3대 황제이다. 쿠샨 왕조 전성기를 이뤘던 왕이다. 그는 간다라 지방을 본거지로서 중앙아시아에서 중부 인도에 이르는 대제국을 건설하였다. 불교로 개종해 불상과 불경을 처음 조성하고 집대성했다. 당시 남아시아에서는 불교가 성하고, 그리스 조각의 영향을 받아 불상 제작이 활발하게 일어났다. 이 불교 미술 양식의 불상이 만들어진 지방이 북서 인도의 간다라 부근이었기 때문에 '간다라 미술'이라고 불린다. 불교도는 그를 마우리아 제국의 황제 아소카와 함께 불교의 대보호자로 불러왔다. 그가 재위할 때 제4차 불전

결집이 행하여졌으며, 또 불교 시인 마명(馬鳴, 아슈바고샤)이나 용수(龍樹, 나가르주나)가 활약했다고 한다. 카니시카가 불교와 함께 그리스 여러 신의 숭배와 조로아스터교·힌두교 등을 보호한 것은, 이들 신상(神像)이 당시의 화폐에 새겨져 있는 것을 보면 알 수 있다.

2 포교로 시작한 세계 최초·최고의 불상 탄생

그때도 그렇고 지금도 그렇다. 시골집 어디에서나 볼 수 있는 장독대 위에 정화수 한 그릇 올려놓고, 시골집 어머니들은 정성을 다해 빌고 빌었다. 그 정화수 그릇이 불교식으로 말하면 불상이다. 우리 산뿐만 아니라 명산 꼭대기 인근 바위에는 알터가 있다. 바위에 구멍을 내서 그곳에 물 또는 동물의 피를 제물로 올리고 기도를 했다. 불교 포교 이전의 흔적들이다. 그 곳곳에 불상이 들어선 곳이 지금의 파키스탄과 아프가니스탄 지역이다. 기원전 5세기와 기원후 5세기 1,000년 동안 이 지역은 로마·그리스·인도·중국을 소통시키는 요충지대였다. 그 때문에 이곳에서 일어난 대승불교와 불상은 지금의 중앙아시아 전역과 인도, 중국, 한국까지 전해졌다.

종교 간 화합을 도모하기 위한 불상

초기 불교사에서 특이한 점은, 이교도와의 화합과 소통을 통해 이교도들을 불교로 개종시켰다는 점이다. 우리가 흔히 알고 있는 십자군 전쟁도 결국 이교도와 전쟁을 벌여 강압적으로 타 종교를 짓밟는 종교 전쟁사였다. 쿠샨 왕조 시절 카니시카 왕은 조로아스터교 신자였지만, 불교로 개종해서 대승 불경과 불상을 조성하면서도 종교 간 공존을 꾀한 성인이었다. 당시 발행한 은화나 금화를 보면 조로아스터교의 상징이라 할 수 있는 불[火]이나 신, 그리고 다른 종교의 신들을 불상과 함께 앞뒤 면으로 새겼다.

이후 점차 스님을 왕사로 둔 영향을 받아 인도의 윤회 사상을 도입하여 자신들만의 고유한 불교로 발전시켰다. 부처님의 가르침을 따르는 일보다는 이타행을 바탕으로 한 불교 교단의 유지·발전에 있었다. 여기에서 대승불교가 탄생하게 된 것이다. 불경과 함께 84,000개의 불상과 불탑을 세우는 원(願)을 세우고 실제 조성했다고 한다. 단일지역에 불상과 불탑이 가장 많은 곳이 간다라 지역이다. 그 불상과 불탑을 보면 로마계, 이란계 유목민, 인도 힌두 양식

필자를 포함한 성지순례단은 다르마라지카사원 사리탑을 찾아 간다라 문화를 공부하는 시간을 가졌다.

을 다양하게 가미한 흔적들이 보인다. 초기에는 부처님의 전생도(前生圖)를 묘사하는 불상에서부터 세월이 지남에 따라 현생과 내생까지를 표현했다. 그러는 동안 점차 간다라 고유의 불상으로 이어졌다. 간다라 불교 유적을 보관 중인 라호르, 탁실라, 페샤와르 주요 박물관이나 탑이 조성된 곳을 보면 그 느낌을 확연히 알 수 있다. 그것만 봐도 종교란 포용과 융합이라는 것을 어렴풋이 느낄 수 있었다.

쿠샨 왕조 시대의 동전에는 물론, 간다라 지역의 많은 불상과 보살상의 대좌에 조로아스터교의 불을 숭배하는 장면이 표현되어 있다. 쿠샨 왕조 초기의 종교는 불을 숭배하는 조로아스터교였기 때문이다. 2012년 간다라 성지 순례에 동행한 전 한양대 교수 민희식 박사는, 현지 박물관과 불탑을 소개하는 자리에서 "카니시카 왕도 라바탁 비문(Rabatak inscription)에 새겨진 것을 보면 조로아스터교의 주신인 나나를 주재 신으로 하여 다른 모든 신 앞에서 왕위를 받았다고 쓰여 있다"라고 설명했다. 쿠샨 왕조가 수립된 곳이 조로아스터교의 중심지였고, 쿠샨 왕조의 많은 동전과 불상, 보살상의 대좌에 불을 숭배하는 장면을 조각한 것으로 보아 조로아스터교의 아나히타 신을 나나로 부른 것이 확실하다고 덧붙였다. 카니시카왕 초기에 발행한 동전에는 조로아스터교의 신들이 새겨져 있었던 것으로 보아 훨씬 나중에 불교를 믿은 것으로 추정된다.

카니시카 왕이 불교로 개종한 후에 불교 경전을 두고 각기 다른 해석을 함에 따라 제4차 결집을 간다라 지역과 가까운 카슈미르(Kashmir)에서 열었다. 종파 간 의견을 수렴하고 화합시키려는 목적이었다. 이와 함께 이교도 간 화합 차원에서 대승불교가 태동했을 것이라는 이야기다. 카니시카 왕은 조로아스터교의 예배 의식을 위주로, 힌두교나 그리스 신 등 당시 다양하게 존재하는 모든 종교와 예배 의식을 수용하면서 불교를 국가 종교로 삼았다. 카니시카 왕은 다양한 민족과 종교와 문화가 다른 사람들에게 불교를 수용하게 하는 과정에서, 신들의 초상을 대신하여 불교의 창시자인 석가모니 부처님상을 만들고, 부처님의 전생과 일대기를 조각하여 불상과 함께 불탑과 사원을 장엄(莊嚴)해 불교 진리를 널리 전파한 것으로 보인다.

불교를 체제 이념으로 수용한 카니시카

카니시카 왕이 발행한 금화를 보면, 불교를 쿠샨 왕조의 공식 종교로 인정한 것을 알 수 있다. 동전 앞면에는 카니시카 왕이 불을 숭배하는 장면이 새겨져 있고, 뒷면에는 부처님의 입상이 조각되어 있다. 대승불교 보살의 개념이 조로아스터교도들이 가리키는 구세

주적인 성격을 띠었고, 아미타불이 사는 무량광전의 천상으로 여겨지는 서방정토가 조로아스터교의 주요 신인 빛과 영광이며, 영원한 빛 자체인 아후라 마즈다(Ahura Mazda) 신이 사는 세계와 연관시켰다. 그리고 미륵보살과 조로아스터교의 미트라, 샤오산트와도 연결된다. 불교를 중심으로 체제를 굳건히 하면서 왕의 신격화 정책을 동시에 펼친 셈이다.

고려와 조선 불화(佛畫)에서 여래와 보살의 얼굴에서 방광하는 기운을 형상화한 것도 바로 간다라 불상의 전형적인 모습이다. 그런 일체의 조형들을 포괄하는 각기 다른 수많은 무늬는 영기문(靈氣文)이라고 이화여대 강우방 초빙교수는 해석하고 있다. 단순한 조각이 아니라 깨달은 수행자를 여러 형태로 표현한 것이 불상이라는 것이다.

불화에 표현된 코밑수염과 턱수염들도 털로 인식하고 있으나 모두가 제1영기싹 영기문의 또 다른 표현이고 그 밖의 모든 털을 영화시켰다는 것이다. 여래나 보살은 현실적 인간이 아니듯, 사자도 영화된 동물, 즉 영수(靈獸)라고 말해서 현실의 사자와 구별해야 한다고 주장한다. 간다라 불상 속의 머리칼은 머리칼이 아니다. 이런 머리칼은 그리스나 로마 시대의 신상이나 초상 조각에는 없다. 더구나 머리띠도 없다. 미간에는 보주가 있다. 이 또한 그리스·로마 조각에는 없다고 강우방 교수는 지적한다. 또 불상의 눈은 명상에 잠겨

불상은 불교 진리를 널리 전파하기 위한 목적으로 만들어졌다.

있다. 이런 표정도 서양에는 없다. 옷으로는 가사를 입고 있다. 이런 가사는 그리스와 로마에도 없다. 비슷한 것이 있지만 다르다. 당시 지배자들도 이미 간다라의 예술과 사상에 상당히 심취해 이를 불상으로 표현했을 것이라고 설명한다.

불상을 만든다는 것은 싯다르타 석가모니 시절에는 상상할 수 없었다. 석가모니 부처님이 유언으로 말한 "나에게 의지하지 말라는 것"도 불상 제작 등 모든 상을 버리라는 것이었기 때문이다. 부처님 열반 후 불상이 나타나기 전의 불교 조각에는 여래가 있을 자리에 보리수, 발자국, 꽃들, 기둥, 차크라 등이 있었다고 한다. 석가모니 부처님이 제자 아난다의 마지막 청을 받아 설한 법문이 자등명 법등명(自燈明法燈明: 저마다 자기 자신을 등불로 삼고 자기를 의지하라. 또한, 진리를 등불로 삼고 진리를 의지하라. 이 밖에 다른 것에 의지해서는 안 된다)이었기 때문이다. 이 마지막 법문은 여래의 본질을 압축적으로 표현한 것이다.

석가모니 부처님 열반 500년 후 불교로 개종한 카니시카 왕 조정에 불교 지도자로 마명의 지도를 받는 그리스의 조각가 아제실라우스(Agesilaus)가 있었다는 기록으로 보아, 그리스 장인들이 주로 불상을 조성했을 것이라 추측할 수 있다.

INFORMATION

조로아스터교(Zoroastrianism)

불을 신성시하는 고대 페르시아의 종교. 구세주의 출현 및 최후의 심판과 부활 사상이 포함되어 있어서, 그리스도교와 이슬람교에 영향을 주었다. 중국 당나라에도 소개되었으며, 인도에서도 번성하였다. 기원전 6세기에 페르시아의 예언자인 조로아스터가 창시했으며 유일신론적이고 이원론적인 성격을 띤다. 조로아스터교 신자들은 유일신 아후라 마즈다(Ahura Mazda)를 믿는다 하여 스스로를 마즈다 예배교(마즈다야스나, Mazdayasna)라고 부르며, 한자로는 배화교(拜火教), 중국에서는 현교(祆教)라고 하여 삼이교(三夷教)의 하나로 꼽혔다.

3

불상·불탑은 이타행의 또 다른 상징

"파키스탄 대외부채 384억 달러(40조 원 규모)를 갚아줄 테니 석가모니 부처님 고행상을 일본에 영구 전시하게 해달라." 일본의 전 총리였던 나카소네가 불상의 고향 파키스탄을 국빈 방문 시 들렀던 라호르 박물관(Lahore Museum)에 소장된 고행상(苦行相)을 보고 정상회담 때 제의했다는 말이다. 2012년 라호르 박물관에서 고행상을 친견했을 때 현지 큐레이터의 설명이었다. 사족인지 몰라도 그 큐레이터에게 그만큼 고행상에 대한 자부심이 묻어나는 말이었다. 파키스탄 고대 역사 중 기원전·후 1,000년간은 동서양 문화 문명이 융합한 헬레니즘 문화의 전성기였다. 그 상징 중 하나가 불상과 불

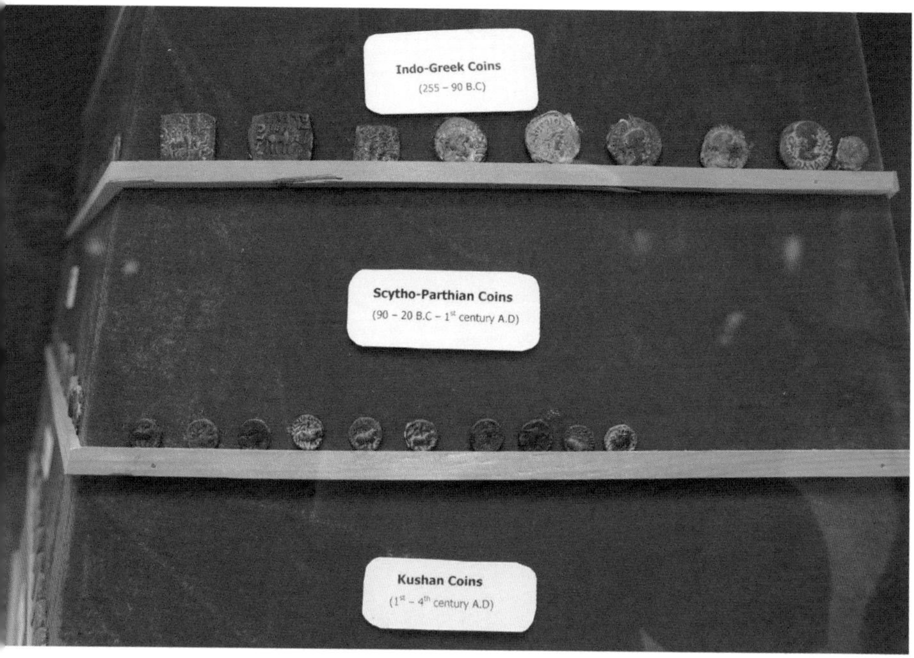

간다라 지역 페샤와르 박물관에 소장 중인 쿠샨 왕조 때 타민족 왕 그리고 불상을 동전 앞뒤에 새긴 유물들.

탑이다. 부처님 열반 500년 후에 조성된 불상과 불탑이 그 중심 역할을 한 것이다. 그로부터 수천 년이 지난 이후에도 고행상은 보는 이들에게 마음 저 깊은 곳에 파장을 일으켜 환희심을 불러일으켰다. 고행상을 본 나카소네 전 총리도 감격에 겨워 파키스탄 대외부채를 다 갚아주겠다고 제안했을 정도이다. 우상 숭배가 아닌 이타행이 주제가 된 깨달음의 상징이라는 점에서 주목하지 않을 수 없다.

불공과 불사 시현몽으로 나타난 어느 목동이 들려준 이야기

간다라 지역을 순례했던 중국의 현장 스님 기록에 의하면, 석가여래께서 아난에게 '내가 입멸한 후 500년이 지난 후 이 세상에 카니시카라는 뛰어난 왕이 나타나 이곳에 큰 탑을 세울 것이며 내 몸의 골육 사리가 거의 여기에 모일 것'이라고 말했다고 한다. 과연 석가여래께서 입멸한 뒤 500년이 지난 다음 카니시카 왕이 세상에 나타났다. 그러나 왕은 부처님의 가르침에 별로 관심이 없었다고 한다. 어느 날 카니시카 왕이 들로 사냥을 나가 흰토끼를 만나 토끼를 쫓다가 어느 장소에 이르자 토끼는 사라지고, 어린 목동이 숲속에서 작은 탑을 만들고 있는 것이 눈에 띄었다. 왕이 "너 무엇을 하고 있느냐?"라고 물으니 목동은 "'옛날 석가여래가 이 세상에 출중한 왕이 나타나 이 장소에 탑을 세울 것이다. 내 몸 사리의 대부분이 그 안에 모일 것이다'라고 예언을 하셨다"라고 말했다. 그러면서 "대왕은 훌륭한 덕을 전생에 심었고 이름 또한 옛날 석가여래의 예언과 똑같다"라고 덧붙였다. 이어 "왕으로서 훌륭하시며 뛰어난 복운으로 이 시기를 잘 만나셨습니다. 그래서 저는 이걸 알려 드리려 한 것입니다"라고 대답하자마자 홀연히 사라졌다는 이야기다.

카니시카 왕은 이 같은 기이한 인연을 계기로 불상을 조성하는 과정에서 여러 종교의 신상을 화폐에 새겨 유통함으로써 종교 간 평화를 실현했고, 그 곁에는 불교 시인 마명 보살, 바스미트라(세우) 스님 등의 고승이 있었다고 한다.

프랑스 학자 알프레드 푸셰(Alfred Foucher)는 간다라 불상에 나타난 파상의 머리털, 깊게 쑥 들어간 눈, 높은 코, 타원형의 얼굴, 균형 잡힌 옷 주름 등 그 사실적 표현을 지닌 그리스 미술과 백호가 있는 머리 부분의 명상적 표정, 광배, 시무 외인, 선정인, 전법륜인, 항마인으로 표현되는 인도적 표상의 융화는 세계 최대 예술품이라고 격찬한 바 있다.

깨달음을 표현한 불상들

불교학자들은 불상들이 예술품뿐만이 아니라 다양한 형태의 불교 신앙을 상징한 것으로 풀이하고 있다. 관음 신앙의 원류 성수, 산개, 보저는 다 석가모니 부처님을 상징하고 천상에서 내려오는 석가모니를 맞이하는 왕과 신도들이라는 것이다.

간다라 지역은 다양한 문명·문화·민족·종교·언어가 공존했던 곳으로, 불상과 불탑은 동서양 문화 문명이 융합되어 만들어 낸 결정체로 해석하고 있다. 간다라 지역이 이처럼 민족·종교·언어가 융합되어 간다라 문화 문명이라는 꽃을 1,000여 년간 피웠고, 그 문화 문명이 우리나라를 포함한 세계로 전파돼 법향으로 이어지고 있다.

역사적으로 봐도 종교와 이념이 폐쇄적이고 이기적일 때 인류에게는 말할 수 없는 고통과 피해가 동반됐다. 우리가 간다라 문화 문명을 되돌아볼 수밖에 없는 이유이기도 하다. 21세기를 사는 우리가 종교화합, 평화로운 공존의 답을 간다라 불상과 불탑에서 찾아야 할 이유이다. 그 불상과 불탑이 증명 법사로 남아 있기 때문이다. 세계문화유산으로 지정된 한국의 불탑과 불상 등 승원이 간다라 문화 문명에서 비롯됐다는 점에서도 그렇다. 세계는 지금 대승불교가 일어난 지역이자 고대 실크로드 길인 간다라 지역을 통한 동서양의 문화적 만남과 경제적 동반 성장을 꾀하고 있다. 중

간다라 지역 불상.

국은 간다라 지역인 파키스탄과 경제회랑(China Pakistan Economic Corridor) 프로젝트란 강령을 내걸고 대대적인 경제협력을 벌이고 있다. 이란 국경과 가까운 남쪽 바닷가에 홍콩, 두바이 항구와 겨루는 보세 항구를 건설하고 있고, 고대 실크로드의 길인 카라코람(Karakoram) 고속도로를 확장하고 있다. 이 길은 세계 장수촌으로 불리는 훈자(Hunza)를 넘어 중국의 신장지역으로 들어가 중국내륙은 물론 중앙아시아 전역으로 뻗어나갈 수 있는 도로이다. 이 도로는 고대 동서양 문명과 경제교류의 발자취를 엿볼 수 있는 실크로드 중에서도 역사적으로 인류에게 남긴 흔적으로 가장 중요한 구간이다.

바로 그 길을 통해 간다라 지역 출신인 마라난타 스님이 백제에 불법과 불상을 전래해 주었다.

INFORMATION

마명(馬鳴)

중인도 마갈타국의 승려·시인. 석가모니가 죽은 후 600년경에 태어났다. 본래는 외도(外道)의 집에서 출생하여 불법을 헐뜯었으나 협존자(協尊者)의 토론에 설복하고 그의 제자로 들어가 불법을 공부하였다. 그 뒤로부터 마갈타국을 중심으로 중인도에서 전도하였다. 그때 카니시카(Kanishka) 왕이 중인도를 정복, 배상금 대신에 마명을 데리고 북인도로 돌아갔다. 마명은 북쪽의 월지국에 들어가 임금의 보호를 받고 대승불교를 선전하였으므로 옛적부터 그를 대승불교의 시조라 한다. 또한 그는 문학과 음악에도 조예가 깊어 마갈타국에 있던 때에 뢰타화라(賴吒和羅)라는 가곡(歌曲)을 지었고 몸소 악사들과 어울려 가곡을 연주하여 인생의 무상(無常)한 이치를 가르쳤다.

4 불상은 동서양 문화·문물의 중심이자 성물

간다라 지역은 고대 그리스·로마로 불리는 서양과 인도와 중국이라는 동양을 연결하는 비단길 중심부였다. 그 비단길에서 동서양 문화 문명의 융합으로 꽃피운 것이 불상과 불탑이다. 불상과 불탑은 동서양의 사상을 불교식으로 상징화한 것이다. 그리스 조각가들이 조로아스터교, 힌두교 신뿐만 아니라 부처님의 전생도를 불상과 불탑으로 구현했기 때문이다. 카니시카 왕은 조로아스터교의 예배 의식을 위주로 힌두교, 그리스 신 등 당시 다양하게 존재하는 모든 종교와 예배 의식을 수용하면서 불교를 국가 종교로 삼았다. 카니시카 왕이 다양한 민족과 종교와 문화를 불교로 수용하는 과정에

세드 아킬 샤(Syed Aqil Shah, 필자를 초청한 현 파키스탄 올림픽 부위원장. 파키스탄 ANP당 외무 담당. 사진 좌측에서 첫 번째) 파키스탄 전 문화관광부 장관을 단장으로 한 고고학자들이 영광 법성포 소재 간다라유물관 내에 조성된 마라난타 스님 입상을 바라보고 있다.

서, 그들 신의 초상을 대신하여 석가모니 부처님상을 중심으로 부처님의 전생과 일대기를 조각하여 불탑과 사원을 장엄(莊嚴)했다. 이를 계기로 간다라 지역에서 불경과 불상은 포교의 성스러운 상징인 성물(聖物)로 포교의 최일선으로 나간다.

1638년 전 불법과 함께 불상과 불탑 고스란히 백제에 전파한 마라난타

2012년 간다라 지역인 파키스탄 불교 유적지 순례를 하던 중이었다. 백제에 불법을 전파한 마라난타 스님의 탄생지를 방문했을 때, 부처님 사리를 봉안한 사리탑의 장엄하면서도 아름다운 곡선미를 보며 감탄했다. 그 사리탑을 축소한 형상이 전국 사찰 중 유일하게 전라남도 영광군 불갑면 불갑사 대웅전 지붕 중앙에 조성되어 있다. 수많은 전란으로 인해 중창 불사하는 중에도 그 형상은 그대로 재현되고 있다는 점은 놀라운 일이다. 마라난타 스님이 백제에 불법을 펼친 상징인 사리탑 모형을 천년이 지나서도 간직하고 있기 때문이다.

《해동고승전》, 《삼국유사》, 《마라난타》(민희식 공저), 사적기 등에 따르면 마라난타 스님이 백제에 온 뒤 영광 모악산에 불갑사(佛甲寺)

를 처음 창건한 이후 백제지역 곳곳에 사찰을 세워 불법을 전파한 것으로 나온다. 불교를 체제 사상으로 수용한 카니시카 왕처럼 백제 제15대 왕 침류왕 원년인 384년 호승(외국인 스님) 마라난타가 동진에서 왔다고 나와 있다. 마라난타 스님이 지금의 중국 절강성에서 해류를 따라 백제에 온 것이다. 침류왕은 마라난타 스님을 궁으로 모시고 왕사로 삼아 예우했다. 이후 제17대 왕인 아신왕이 392년(아신왕 원년)에 교령을 내려서 불법을 신봉하여 복을 구하라고 불교를 공인 국교로 천명했다. 이때 마라난타 스님은 절을 세우고 10명을 제자로 삼아 백제에 불교를 전파했다는 기록이다. 침류왕 왕사로 초빙된 마라난타 스님은 그냥 오지 않았다. 불경을 포함한 성물(聖物)을 함께 가지고 왔다. 간다라 문화 문명의 상징물인 불상과 불탑 등 수많은 불교 관련 성물들이었다.

지금으로부터 1638년 전인 384년 백제 침류왕은 마라난타 스님의 법력을 전해 듣고 삼고초려 끝에 그를 왕사로 모시게 된다. 마라난타 스님은 지금의 파키스탄 페샤와르·스와트·탁실라 지역의 최고 계급층에 속하던 브라만 계급의 아들로 태어났다. 당시 브라만 계층의 아들은 후계자 수업을 위해 천문학·의학·고고학·수학·역사학 등을 섭렵해야 했다. 수학을 마치고도 마라난타 스님은 브라만 계층의 후계자 대신 석가모니 부처님 제자의 길을 택했다. 이후 불법 포교의 대장정에 나섰다. 마라난타 스님은 백제 침류왕의 간곡한 초청으로 백제에 처음으로 불법을 전파하러 온 것이다. 단지 불법뿐 아니라 동양과 서양 문화가 융합돼 화려하게 꽃핀 간다라 문화 문명도 함께 백제에 전한 것이다.

불두가 신비스러운 호위무사 역할

지금이야 정보통신이 발달해 손에 쥔 스마트폰으로 세계 곳곳의 날씨와 지리 정보를 확인하고 배·비행기 등의 교통편을 예약할 수 있지만, 그 옛날에는 별을 보고 날씨를 가늠해야 할 때인지라 마라난타 스님 일행이 백제로 가는 바닷길은 그리 순탄치 않았다. 마라난타 스님이 출발하기에 앞서 스승에게 작별을 고하자 스승은 불두(부처님 머리상)를 건네면서 혹시 항해 중 풍랑이 일어 배가 위기에 처할 시에 이 불두를 바다에 던지라 했다. 바람에 의지해야 하는 돛단배의 항해길은 그야말로 바람 앞의 등불과 같은 처지였던 시절이었다. 마라난타 스님 일행은 항해길에 폭풍우를 만나자 스승의 당부대로 불두를 바다에 던져 순탄한 항해 끝에 굴비로 유명한 전라남도 영광군 법성포 포구에 안착했다.

놀랍게도 마라난타 스님 일행을 태운 배가 도착하기 며칠 전에 이미 바다에 던졌던 불두가 먼저 포구에 도착해 있었다. 마치 불두

마라난타 스님이 384년에 영광 법성포로 오는 장면을 재현하고 있다.
(사진 제공: 영광군청)

가 배의 기착지를 안내하는 등대 역할을 한 것 같았다.

그 불두는 지금 마라난타 스님이 기착한 법성포의 어느 노보살님이 지금도 사당에 모시고 조석으로 기도를 드리고 있다.

법성포의 지명은 불법(佛法)을 전하려는 성인(聖人)이 온 포구라 해서 법성포(法聖浦)라 한다. 이전 지명은 아미타불이 온 곳이라 해서 아무포(阿無浦)라 했다가 법성포로 바뀌었다. 한편 마라난타 스님은 바다에 던진 불두가 먼저 포구에 와 있던 기연을 침류왕에게 진언해 인근 모악산에 사찰을 창건하고, 이름을 불갑사로 명명했다. 불갑사(佛甲寺)는 부처 불(佛), 첫째 갑(甲), 부처님을 모신 첫 번째 사찰이라는 의미다. 또 불갑사가 위치한 모악산 8부 능선에 있는 해불암(海佛庵), 부처님 손자라는 뜻을 지닌 손불면(孫佛面) 등 불가와 인연이 있는 지명들이 영광군 인근 곳곳에 있다. 이는 마라난타 스님이 부처님의 후손이라는 뜻이자 바다를 통해 왔다는 것을 상징화한 것으로 추정할 수 있다.

혜초 스님의 간다라 지역 여행기 《왕오천축국전》

신라 혜초 스님이 723년부터 727년까지 천축국 다섯 나라(지금의 인도·네팔·파키스탄·아프가니스탄 등)을 순례하면서 그들 나라의 종교·

마라난타 스님이 백제로 올 당시 가져왔다는 불두. 영광 법성포 진내리에 살고 있는 할머니가 동네 사람들과 함께 모시고 있다.

정치·문화 등을 기록한 여행기인 《왕오천축국전(往五天竺國傳)》의 대상이 바로 지금의 간다라 지역이다. 인도뿐만 아니라 중앙아시아 지역, 그리고 보통 중동으로 분류되는 페르시아(이란)까지 여행한 기록이다. 이 책은 기록이 거의 남지 않은 8세기 인도, 중앙아시아 지역의 여러 문화를 소개하고 있으며, 세계 4대 여행기이자 순례기로 꼽히고 있다. 혜초 스님은 불교의 고향 천축국을 순례했지만, 마라난타 스님은 천축국에서 340여 년 전에 백제로 온 것이다. 수백 년 만의 답방이라고 볼 수 있다. 1908년, 프랑스의 동양학자 폴 펠리오(Paul Pelliot)가 중국 간쑤성의 둔황 막고굴 장경동에서 당시 그곳을 지키고 있던 왕원록에게서 희귀한 고서를 사들였는데, 그중에 《왕오천축국전》이 끼여 있었다고 한다. 본래 3권으로 편찬되었으나 현존 본은 그 약본으로 앞뒤 부분은 유실된 채 프랑스 국립박물관에 보존돼 있다. 《왕오천축국전》은 중국 둔황에서 발견돼 당나라 출신 스님이 저술한 것으로 알려져 있었는데, 1915년 일본의 사학자 타카쿠스 준지로(高楠順次郎)가 책의 저자가 혜초 스님임을 입증한 일화도 평범하지 않고, 한국이 아닌 프랑스 국립도서관에 보관돼 있다는 점도 기연이다.

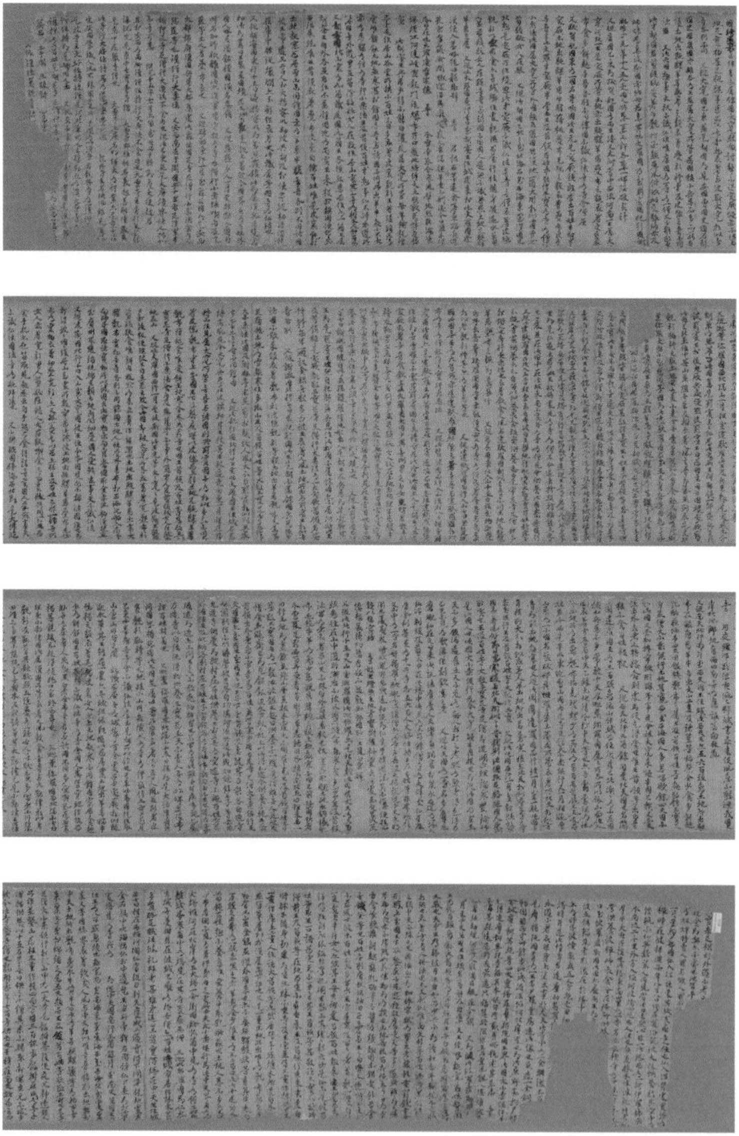

혜초 스님이 마라난타 스님의 고향인 간다라 지역의 다섯 나라를 순례하고 쓴 《왕오천축국전》.

뒤늦게 조명받고 있는 마라난타 스님

우리는 혜초 스님의 《왕오천축국전》은 기억하지만, 마라난타 스님이 백제 왕사로 백제 불교의 시조라는 점을 역사의 그늘로 잊고 있었다. 고구려·백제·신라의 불교 유입과정을 보면 유일하게 백제만 왕이 마라난타 스님을 왕사로 모시고 불교를 국교화했다는 점이다. 고구려와 신라가 불교를 수용하는 과정에서 중국과 고구려 출신 스님이 숱한 곡절 속에 전파한 점과는 비교된다.

불교학자들에 따르면 이처럼 백제에 불교가 왕실로부터 전파된 점은 마라난타 스님이 궁중에 머무르며 왕과 왕실 그리고 신하들에게 숱한 이적을 보여 불법을 찬탄하게 했을 것이라는 추정이다. 실제로 《해동고승전》에는 마라난타 스님의 이적을 다음과 같이 찬탄했다.

> "하늘과 땅이 일어날 때
> 대개 재주 자랑하기 어려운데
> 스스로 깨우쳐 노래와 춤으로
> 주변 사람들을 이끌어 눈뜨게 하네."

동서양을 아우르는 문화 문명의 상징인 불두가 성물로 바닷길을 잠재우고 등대 역할을 하는가 하면 마라난타 스님이 백제 왕실에 불법과 함께 여러 이적을 보였다는 기록으로 볼 수 있다. 흔히 불가에서 사리탑과 불전에서 일어나는 방광(放光)이라든가 사리 분과(舍利 分顆: 사리의 수가 늘어나는 현상), 그리고 불사 회향식에 나타나는 오색 무지개 등의 희유한 현상에서도 엿볼 수 있는 대목이다.

○○○ INFORMATION

혜초(慧超) 스님

신라 때의 고승. 704년(성덕왕 3)에 태어나 787년(원성왕 3)에 사망했다. 인도 기행문인 《왕오천축국전(往五天竺國傳)》으로 우리에게 잘 알려진 승려이다. 719년 중국에서 인도 승려 금강지에게 밀교를 배웠고 스승의 권유로 인도구법 여행을 결심했다. 만 4년 동안 인도를 여행하고 30세 전후에 장안으로 돌아와 금강지와 그 제자 불공삼장과 함께 밀교경전을 연구하고 불교 경전을 한문으로 번역하는 일에 전심을 다했다. 780년 불경을 번역하기 위해 오대산으로 들어간 후의 기록은 전하지 않는다. 1908년 둔황의 석실에서 《왕오천축국전》의 일부가 발견되었는데, 이는 동서교섭사 연구에 귀중한 사료로 평가되고 있다.

5 불교와 불상 전한 '마라난타' 찾아 나선 순례길

2012년 간다라문화협회 초대로 19명의 불자와 함께 대승불교 경전과 불상이 탄생한 간다라 순례에 나섰다(4.27~5.3). 순례단은 활안 한정섭 스님을 지도법사로 모시고 박희도 전 육군 참모총장, 정지태 한미연합사 부사령관, 송재운 동국대학교 교수 등 다양한 분야에서 활동하고 있는 불자들이 함께했다. 순례단에 합류한 건 순전히 마라난타 스님이 384년 백제 침류왕의 초청으로 필자의 고향인 전라남도 영광군 법성포로 왔다는 인연 덕분이었다.

순례단이 파키스탄 라호르 공항에 도착해서 현지 정부 관계자들의 환영식을 받은 뒤 찍은 기념사진.

순교 각오한 순례길

순례단 길은 순교까지도 감안한 고행 아닌 고행길이었다. 마치 마라난타 스님이 384년 간다라에서 중국을 거쳐 돛단배에 몸을 싣고 바다를 통해 영광 법성포로 온 것과 같았다. 순례길 바로 1년 전인 2011년 5월 2일 미군 특수부대가 간다라 지역에 은거 중인 이슬람 근본주의적 국제 테러 조직인 알카에다 두목 '오사마 빈 무함마드 빈 아와드 빈 라덴'을 은거지에서 사살했기 때문이다. 하필 그 1주기에 순례에 나선 것이다. 간다라 지역의 수도인 파키스탄 이슬라마바드로 가는 직항편이 없어 태국에서 환승한 뒤 20시간여 만에 인근 도시 라호르에 도착하면서부터 긴장감은 도를 더했다. 2001년 9월 11일 뉴욕과 워싱턴에 민항기를 이용, 자폭 테러로 무역센터를 폭파해 2,996명의 목숨을 앗아간 알카에다 두목 빈 라덴 사망 1주기를 앞두고 수도인 이슬라마바드에 있는 미국 대사관저에 폭탄 테러까지 발생했다. 우리 순례길이 테러 조직으로 알려진 알카에다와 탈레반의 은거지여서 괜히 따라나섰다는 두려움이 설렘보다 커지는 대목이었다. 순례길에 순교할 수도 있다는 바로 그 느낌이었다.

라호르 공항에 도착한 순간부터 방탄조끼를 입고 무장한 파키스탄 군인들이 호위에 나섰다. 우리 차량 앞뒤로 무장 장갑차가, 그리고 그 장갑차 앞에는 경찰차가 사방을 방어하고 있었다. 이슬람 근본주의 국가 파키스탄이 승복 차림의 스님과 재가 불자 일행을 국빈급으로 영접하다니 두려움은 잠시 묻고 놀라움이 앞섰다. 떠나기 전 파키스탄 연방정부와 간다라 지방 주정부 측에 2001년 바이만 대불 폭파 이후 간다라 지역 불교 유산 보존상태, 이슬람국가에서 불교 신행 부활 가능성, 종교교류를 통한 세계평화 실천 가능성이라는 취지의 사전 교감으로 다소 위험한 상황임에도 안전에 만전을 기한 조치로 보였다. 이 이면에는 장군 출신 불자인 박희도 예비역 대장과 미국 웨스트포인트 육군사관학교 룸메이트 출신의 파키스탄 퇴역 장군들의 보이지 않는 후원도 있었다고 한다. 한참 후배로 보이는 현역 사단장이 육상이 위험하게 느껴진다면 헬리콥터를 지원하겠다고까지 나설 만큼 종교를 뛰어넘어 순례단에 대한 예를 다했다.

마라난타 스님의 고향 간다라

순례단을 안내한 파키스탄 파티마진나 여자대학교 초빙교수이자 간다라 문화예술협회 사무총장인 박교순 교수에 따르면, 기원전 1,500~2,000년경에 쓰인 인도 베다 경전인《리그베다》에서 간다라

간다라 현지 불교 유적지로 이동 중인 순례단을 무장 군인들이 순례단 군데군데에서 경호하고 있다.

가 처음 알려졌다고 한다. 또 현장 스님이 7세기에 간다라를 방문하여 남긴 기록에 이 지역의 넓이가 동서가 1,000리, 남북이 800리라고 나와 있다. 간다라 지역의 중심부는 현재 파키스탄 카이베르 파크툰크와(Khyber Pakhtunkhwa)주의 페샤와르를 중심으로 스와트(Swat), 수도인 이슬라마바드와 인접해 있는 탁실라(Taksila), 아프가니스탄 잘랄라바드 주변 지역인 베그람(Begram) 일대이다.

간다라의 어원적 의미는 '향기로운 땅'이다. 간다라 수도였던 페샤와르는 카불(Kabul)강·스와트(Swat)강·인더스(Indus)강이 흐르고, 힌두쿠시산맥의 지류인 산들에 둘러싸고 있어 간다라가 지형적으로 매우 풍요로운 곳임을 알 수 있다. 중국 송운(宋雲) 스님은 페샤와르 주변으로 강물이 둘러싸여 흐르고 주변에 작은 숲들이 많은 비옥한 땅이라고 순례기에서 밝혔고, 현장 스님도 다양한 꽃과 과일, 곡식들이 많이 나는 따뜻한 기후를 지닌 지역이라고 기록했다. 고대사가 찬란했던 곳이라는 기록들이다. 간다라는 인도 내륙, 페르시아, 로마, 중앙아시아, 중국을 잇는 교통의 관문이었다.

대왕도 장군도 스님도 간다라 길 넘나들어

불교가 왕성했던 시절에는 간다라의 수도이면서 중심부인 페샤와르(Peshawar)를 중심으로 서쪽으로는 카이버 패스(Khyber Pass, 카이버 고개)를 넘어 아프가니스탄과 이란을 거쳐 그리스·로마로 통했고, 동남쪽으로는 인더스강을 지나 인도 내륙까지 이르렀다. 이 길을 통해 알렉산더대왕이 탁실라에 진입했고 여기서 충분한 휴식과 사기 충전 후 인도 내륙을 정복하고자 했다. 북서쪽으로는 힌두쿠시산맥, 아래로는 스와트와 치트랄 지역인 이곳에서 힌두쿠시 산을 넘으면 중앙아시아 지역의 타클라마칸 사막 지대와 동쪽으로 파미르고원을 지나 중국에 이른다. 북동쪽으로는 카라코람 히말라야산맥 아래 위치한 길기트, 훈자 지역이 있다. 이 길은 고구려 유민 출신의 당나라 장수 고선지 장군이 8세기 중엽인 747~753년에 들어온 길이기도 하다. 여기서 남쪽으로 가면 스카르두와 카슈미르에 이르고 이곳에서 동쪽으로 향하면 티베트다. 또 이 길은 726년께 혜초 스님이 카슈미르에서 길기트와 스카르두, 라다크 티베트를 먼저 간 이후 이곳을 통해 간다라로 들어왔다고 한다.

간다라가 역사적으로 처음 등장한 것은 아케메네스(Archaemenes) 왕조 다리우스(Darius) 왕의 비문에서다. 간다라는 인도 대륙을 처음으로 통합한 찬드라 굽타의 마우리아 왕조(Maurya dynasty)에 의해 지배받으면서 찬드라 굽타의 손자이자 제3대 왕인 아소카 대왕에 의해 간다라에 불교가 전파된다. 마우리아 왕조는 아소카 대왕이 죽은 이후 멸망하면서 간다라는 다시 그리스계인 박트리아

(Bactria)에 의해 지배를 받는다.

그리스 왕으로는 처음으로 불교에 귀의해 유명한 메난드로스 1세(Menander I the Savior, 밀린다 왕)은 현 시알코트에 수도를 정하면서 펀자브 지역까지 다스렸다. 여기서 젊은 불교 철학자인 나가세나(Nagasena)와 종교적인 토론을 벌여 불교에 귀의하게 해서 남긴 불전이 바로《밀린다왕문경(彌蘭陀王問經)》이다.

학계는 간다라에서 처음으로 불상을 만들기 시작한 게 '사카족'이라고 학계에서는 말한다. 이는 칠라스(Chilas)의 바위에 새겨진 명문과 부처상, 그리고 아프가니스탄 잘랄라바드 근처에서 발견된 비마란 사리함에 새겨진 헬레니즘풍의 부처님상에서 찾고 있다. 박교순 교수의 연구에 따르면 간다라 불상 조각과 불경은 기원후 2~3세기인 쿠샨 왕조 때 전성기를 이룬다.

쿠샨 왕조에서도 카니시카 왕 때 불상이 처음 조성됐고 널리 보급했기 때문이다. 불교 미술품은 당시 간다라 사람들이 믿고 있는 토착신앙과, 페르시아의 조로아스터교, 인도의 힌두교, 그리스·로마신화 등이 불교와 만나 어떻게 간다라에서 꽃을 피워 인간의 모습으로 형상화됐는지를 잘 보여주고 있다.

중국 불교 경전에도 '간다라는 스님들의 고국'이었다고 기록되어 있다. 중국 고승전은 간다라 지역을 최고의 불교 교육을 받을 수 있는 곳이라고 했다. 특히 스님들의 성지 순례의 최종 목적은 부처님의 사리가 있는 간다라 유적을 보고 예배드리는 것이라고 말하고 있다. 간다라는 중국에 불교를 전파한 스님들의 본고장이라는 뜻이다. 중국에 불교를 전파하고 불경을 번역한 대부분 스님이 거의 간다라에서 왔다고 기록되어 있다. 중국의 법현 스님에 따르면, 간다라는 석가모니 부처님의 많은 전생 중에서도 가장 중요한 몸 보시로 희생을 한 전생의 장소가 네 군데인 것으로 알려져 있는데, 바로 몸 보시한 그 자리에 아소카 왕이 탑을 세웠다고 한다.

○○○ INFORMATION

마라난타(摩羅難陀) 스님

삼국시대 백제에 불교를 최초로 전한 간다라(파키스탄 출신) 스님. 마라난타는 384년(침류왕 원년)에 중국 남조의 동진을 거쳐 백제로 건너왔다. 침류왕은 교외까지 나아가 그를 맞아 궁궐 안에 머무르게 하였다. 마라난타는 궁중에 머물며 국왕 등에게 설법하였으며 백성들도 점차 교화되어 불교를 신봉하게 되었는데, 이것이 백제 불교의 시작이다. 마라난타는 침류왕을 설득해 불사를 봉행하게 하였다. 385년(침류왕 2)에 새로운 도읍지 한산주(漢山州)에 백제 최초로 절을 창건하고 10인의 백제인을 출가시켜 득도시켰다.

마라난타는 인도 북부의 간다라 지역에서 중국으로 들어왔는데, 처음부터 불교를 전파하는 데에 뜻을 두고 있었다. 그는 신통력을 지니고 있었으며 수행 정도는 그 깊이를 헤아릴 수가 없었다고 한다. 마라난타는 한곳에 머무르지 않고 사방을 돌아다니며 불교를 전파하였다. 마라난타의 교화에 힘입어 백제는 392년(아신왕 원년) 2월에 '불법을 숭상하고 복을 구하라'라고 하는 교서를 반포하게 된다. 《삼국유사(三國遺事)》에서는 마라난타를 호승 또는 '동학(童學)'이라고 했다.

나가세나(Nagasena)

기원전 2세기경의 인도 승려. 20세 때에 교법을 배워 나한도를 터득하여 불법(佛法)을 널리 알렸다. 소승(小乘)에서 대승(大乘)으로의 과도기적인 대승 사상을 널리 전파하였다. 밀린다 왕과의 문답이 밀린다 팡하(Milinda Pañha) 또는 '밀린다왕문경((彌蘭陀王問經)'이라는 이름으로 알려진 불전으로, 아프가니스탄·인도 북부를 지배하던 인도-그리스 왕국의 왕 메난드로스 1세와의 문답을 행하였다고 알려져 있다. 이 문답에 대하여 나가세나는 '현자(賢者)의 논(論)'을 토대로 메난드로스 1세를 불교에 귀의하게 하였다고 한다.

6

부처님 전생에 몸 네 번 보시한 간다라

순례단 일행은 20여 시간 만에 파키스탄 간다라 지역 순례길의 첫 기착지로, 부처님의 전생 몸 보시 일화담이 서린 펀자브(Punjab)주의 라호르(Lahore)라는 도시에 도착했다. 라호르는 부처님의 고행상 원형이 보존된 곳이다. 펀자브주 주지사는 한국의 불자 순례단을 극진하게 맞아줬다. 한국 불자들의 파키스탄 방문을 기회로 두 나라의 문호가 더 넓게 열리고 문화교류가 더 활발하게 이어지길 바란다는 뜻도 밝혔다. 마라난타 스님이 백제에 와서 왕실에 전했던 말처럼 느껴졌다. 이슬람국가인 파키스탄 주정부 지사가 한국불교 순례단에 건넨 외교적 제스처라고 느껴졌지만, 이 나라의 고대사를

순례단을 맞은 펀자브주 주지사 접견실.

돌이켜볼 때 그냥 한 말은 아니라고 여겼다.

접견을 마친 순례단 일행은 라호르 박물관을 찾았다. 라호르는 파키스탄이 인도에서 분리되기 이전 문화 중심지였다. 영국 고고학자들이 발굴한 간다라 불상들은 이곳 라호르 박물관에 봉안됐다. 이곳에 부처님 고행상 원본이 유리함에 모셔져 있었다. 일본의 전 총리였던 나카소네가 이곳을 방문해 고행상을 본 뒤 파키스탄 대통령에게 파키스탄 대외부채 384억 달러를 갚아줄 테니 일본에 영구 전시하게 해달라고 부탁한 일화는 유명하다.

순례단 일행에 함께한 민희식 전 한양대 교수의 설명과 함께 박물관 불상에 대한 감상이 이어졌다. 민희식 교수는 파키스탄 정부에서 자국의 국사 편찬 위원으로 위촉했던 분으로 파키스탄 고대사에 밝았다. 파키스탄 간다라 지역에는 석가모니 부처님의 많은 전생 일화 중에서 가장 중요한 몸을 보시한 곳이 네 곳이나 있다. 아소카 왕은 그 네 곳에 탑을 세웠다고 한다.

첫 번째 탑이 있는 장소는 만키알라(Mankiala)이다. 부처님이 전생에 마하사트바(Mahasattva) 왕자였을 때 호랑이가 새끼를 낳고 먹을 것이 없어 굶주려 죽어 가는 것을 불쌍히 여겨 자기 몸을 찔러 피를 먹였는데 오히려 호랑이가 그를 잡아먹었다는 곳이다. 파키스탄의 수도인 이슬라마바드에서 남동쪽으로 40km에 있는 만키알라 탑(mankiala stupa)이다.

두 번째 탑이 있는 장소는 석가모니 부처님이 전생에 찬드라프라바(Chandraprabha) 왕이었을 때 그의 머리를 요구하는 브라만에게 머리를 잘라 준 곳이다. 탁실라에 있는 발라 탑(Bhalla stupa)으로 추정된다. 이곳을 찾은 현장 스님의 기록에 따르면 이 탑에서 제를 지내는 날이 되면 가끔 천상에서 꽃이 뿌려졌다고 한다. 또 밝은 빛이 번쩍이고 천상의 음악이 들렸다. 이런 일도 있었다고 한다. 어떤 악질 문둥병에 걸린 여인이 몰래 탑에 와서 참회하는 동안 주변 뜰에 더러운 오물들이 있는 것을 보고 깨끗하게 주변을 청소한 뒤 향과 꽃을 뿌리며 청련화(青蓮華, 수련)를 따다가 땅에 갈았다. 그랬더니 문둥병이 낫고 외모는 전보다 아름답게 변했을 뿐만 아니라 몸에서는 청련화의 향기가 났다는 것이다.

탁실라는 아소카 왕이 부처님 입멸 후 여덟 개 왕국으로 사리를 분배하여 세운 불탑을 열어 재분배하여 84,000개의 불탑을 세웠던 곳이기도 하다. 이를 일러 다르마라지카 탑(Dharmarajika stupa)이라고 한다. 다르마라지카라는 어원은 다르마(Dharma), 즉 우주의 질서와 법이라는 부처님의 가르침을 뜻하고, 라자(Raja)는 왕을 뜻한다. 따라서 다르마라지카 불탑은 부처님의 사리가 봉헌된 곳으로 부처님 육신과 말씀, 그 자체가 함께 존재하는 불법 왕의 탑으로 해석된다. 아소카 왕이 탁실라에 부처님 사리를 가져와 진리의 법을 골고루 이 세상에 나누는 원(願)을 세우고 불탑을 조성했다고 전해진다. 아소카 왕의 이 같은 발원 덕분인지는 몰라도 당시 탁실라는 인류 역사상 가장 본보기가 되는 각 문명과 종교가 어우러져 화합과 평화를 이루었던 역사적인 곳이다.

세 번째 탑이 있는 장소는 석가모니 부처님이 전생에 시비(Sibi) 왕이었을 때 독수리한테 쫓기는 비둘기를 대신하여 그의 살점을 독수리한테 떼어 준 곳이다. 이곳은 페샤와르에서 북동쪽으로 135km 거리 부네르(Buner)에 있는 굼바트 탑(Gumbat Stupa)으로 추정하고 있다.

네 번째 탑이 있는 장소는 석가모니 부처님이 전생에 수디라(Sudhira) 왕이었을 때 장님인 브라만에게 그의 눈을 빼 주었던 곳이다. 이곳은 페샤와르에서 북동쪽으로 28km 떨어진 챠르사다(Chrsada) 지역의 발라 히사르(Bala Hissar)로 추정된다.

부처님 고행상 원형이 보존된 라호르 박물관

라호르 박물관은 1864년 펀자브주 박람회를 마치고, 1866년 그 자리에 세운 최초의 근대식 박물관이다. 라호르 박물관은 파키스탄에서 가장 크고 가장 많은 유물과 전시된 장식물, 그리고 그리스-박트리아(Greco-Bactrian) 시대 유물, 티베트와 네팔의 작품까지 다

라호르 박물관에 소장 중인 부처님 고행상.

양하게 보존하고 있었다. 특히 불교 전시실에는 간다라 지방에서 발굴된 불상, 불교 조각 중 탁실라에서 옮겨온 거의 원형 상태를 유지하고 있는 2m 높이의 스투파가 전시돼 있었다. 라호르를 뒤로하고 우리 순례단 일행은 마라난타 스님의 고향 초타 라호르(Chota Lahore)를 향해 다음 순례지로 향했다.

석가모니 부처님이 몸 보시했다는 곳 중 하나인 이슬라마바드로 가는 길은 삼엄했다. 라호르에서 버스로 여섯 시간 동안 중무장한 경호 차량이 함께했다. 가는 날이 장날이라는 우스갯소리처럼 우리 도착 전에 테러 조직이 이슬라마바드 주재 미국대사관에 폭탄 테러를 시도했다는 소식이 순례단을 얼어붙게 했다. 1년 전 미국 특수부대가 테러 조직인 알카에다 두목 빈 라덴을 사살한 데 대한 보복으로 추정된다는 것이다. 이 때문에 주파키스탄 한국 대사는 순례길이 위험하니 다시 한국으로 돌아가면 안 되겠는지 여러 차례 강권하다시피 했다. 순례단 일행은 대사 주재 만찬 이후 한국으로 돌아갈 것인지 순례길을 계속 이어갈 것인지를 놓고 투표하기로 했다. 분위기가 심상치 않게 돌아가자 우리를 초청한 파키스탄 정부 관계자가 나섰다. 파키스탄 정부가 순례단 안전을 보장할 테니 걱정하지 않아도 된다고 약속했다. 이러한 가운데 치른 투표에서 한 명만 돌아가겠다는 결과가 나와 순례단은 순례길을 계속 이어가기로 했다.

간다라 지역에 불교가 처음 전해진 곳, 탁실라

간다라 불교 유적지의 본격적인 순례길에 돌입한 셈이다. 먼저 파키스탄의 수도 이슬라마바드 인근 탁실라로 향했다. 탁실라(Taxila)는 '자른 돌의 도시(City of cut stone)'라는 의미다. 그 의미처럼 곳곳에 돌로 조성한 불탑들이 즐비했다. 탁실라는 한국의 천년 고도 경주처럼 많은 불교 유적지가 있었다. 그 유적지 대부분이 유네스코 문화유산으로 지정됐다. 고대 인도의 파탈리푸트라에서 카슈미르를 거쳐 중앙아시아로 연결되는 아시아식 실크로드의 중심부였던 이 지역은 가장 오래된 도시로 비르 마운드와 시르캅, 그리고 쿠샨 왕조가 세운 시르숙이 있다. 그중 시르캅은 거의 300여 년 동안 박트리아 왕조, 사카 왕조, 파르티아 왕조, 쿠샨 왕조가 번갈아 이곳을 지배하면서 살았던 흔적들과 동서양의 문명이 공존했던 흔적들이 선명하게 남아 있었다.

간다라에 불교가 처음 전해졌다는 기록도 주목된다. 당시 탁실라의 왕이었던 푸쿠사티에 대한 기록에 따르면 인도 내륙의 마가다 왕국의 빔비사라 왕과 절친한 교류를 가졌던 탁실라의 왕 푸쿠사티(Pukusati)는 빔비사라(Bimbisara) 왕으로부터 부처님에 대한 소식을 접하게 된다. 탁실라에는 인도와 로마, 중국 간의 무역로의 중심지라 진귀한 외국의 호화물품들이 많이 있었다. 푸쿠사티 왕은 부처님의 소식을 듣고 빔비사라 왕에게 값을 따질 수 없는 선물을 보냈는데 빔비사라 왕은 마땅한 답례품이 없었다. 탁실라와는 달리 답례로 보낼 알맞은 호화물품을 가지고 있지 않은 빔비사라 왕은 금쟁반에 부처님의 가르침과 삼보를 새겨 넣은 편지를 선물로 보냈다. 이 편지글을 읽고 탁실라의 푸쿠사티 왕은 곧바로 부처님의 제자가 되고자 바로 탁실라 왕궁을 떠나 부처님이 계신 라자그리하(Rajagriha, 王舍城)로 가서 부처님을 만나 제자가 되었다고 한다. 이 기록이 처음으로 간다라 지역의 왕이 불교에 귀의한 내용이다. 그 이후 공식적으로 불교가 간다라에 전해진 것은 아소카 왕이 이웃 나라에 불교를 전파하기 위해 불교 사절들을 보내면서부터라고 한다.

○○○ INFORMATION

라호르 국립박물관(Lahore Museum)

파키스탄 라호르에 있는 국립박물관이다. 1865년 영국 식민지 시기에 건립된 이 박물관은 현재 파키스탄에서 가장 방문객 수가 많은 박물관 가운데 하나이다. 라호르는 회교 무굴왕조 5대왕의 도읍지였기에 무굴왕조의 고적이 많은 곳이다. 이 박물관에는 이슬람, 자이나, 힌두, 불교의 유적들이 수집되어 있다. 특히 이곳에는 높이 약 80cm의 뼈와 가죽만 남고 혈관이 간신히 뼈에 붙어 있는, 단식하는 부처상이 유명하다. 그리고 검, 창, 의상, 장신구, 석기, 포, 나팔, 투구, 활 등과 대형 빅토리아 여왕상, 대리석으로 만든 불상의 조각이 소장되어 있다. 그 밖에도 회교의 회화와 불교의 만다라 그림이 한데 있어 다양성을 보여준다.

7 불두 사연이 깃든 성지 탁실라

순례단은 석가모니 부처님이 전생에 찬드라프라바(Chandraprabha) 왕이었을 때 그의 머리를 요구하는 브라만에게 머리를 잘라 준 곳 탁실라를 찾았다. 불두의 어원이 서린 곳이다.

탁실라는 부처님의 몸 보시 중 머리를 보시한 곳이다. 알렉산더 대왕이 탁실라에 원정 왔을 때 이곳에 사는 철학자들에게 매료되었다고 할 만큼 간다라 지역의 문화 문명의 보고다. 알렉산더대왕이 동방 정벌 시 이곳의 칼라노스(Kalanos)라는 성자이자 철학자에게 반해 스승으로 모시고 그리스에 반강제적으로 데려갈 만큼 성인들이 많았던 곳이 탁실라다.

탁실라 박물관에 소장된 불두들.

부처님 전생에 머리를 공양한 불두 성지 탁실라

탁실라는 불교·베다·힌두교 교육의 중심지로, 기원전 약 6~7세기에서 기원후 5세기까지 세계의 위대한 스승들이 모여 있는 배움의 터전이었다고 한다. 당시 최고 교육을 받으려면 탁실라로 가야 한다는 구전이 전해지고 있다.

산스크리트어 문법을 정리한 파니니(Panini), 부처님의 주치의였던 지바카(Jivaka), 《아유르베다》(기원전 700년에 만들어진 최초의 의학서)를 쓴 차라카(Charaka), 대승불교의 공사상 창시자 용수(Nagarjuna), 인도 대륙을 처음으로 통합 통치한 마우리아 제국의 찬드라 굽타 왕의 최고 자문위원이자, 정치 경제학의 시조로 불리는 차나캬(Chanakya), 요가 경전의 최고로 꼽히는 수행과 관련된 요가 경전을 편찬한 파탄잘리(Patanjali) 등이 이곳에서 수학했다고 한다.

쿠마랄라브다[Kumaralabdha, 구마라다(矩摩羅多), 동수(童受)] 존자는 탁실라 출신으로 설일체유부의 부파라 불리는 경량부(經量部)의 창시자다. 특히 쿠마랄라브다는 공 사상을 집대성한 용수(Nāgārjuna), 부처님의 일대기인 《불소행찬》을 쓴 마명(Aśvaghoṣa), 용수의 제자이며 용수의 중관사상 이론을 계승 전개한 아리야데바 등과 동시대를 살았다. 당시 사람들은 이들을 태양처럼 세상을 비추는 성인이라 불렀다고 한다. 부처님 입멸 후 수백 년이 지난 후에도 부처님 가르침을 헤아리는 데 뛰어난 인물들이 이곳 탁실라에서 배출된 것이다.

경제적으로 보면 탁실라는 고대부터 인도, 로마, 그리스, 중앙아시아 그리고 중국을 잇는 무역로의 중심지로서 역할을 했다. 예나 지금이나 교통요충지가 번화하듯이 이곳도 동서양 문물의 중심지로 기능했기 때문에 화려한 문명·문화를 꽃피웠다. 이곳에 불교가 전해져 성행된 만큼 불탑과 절들도 가장 좋은 곳에 조성됐다.

726년 간다라를 찾은 혜초 스님의 기록에는 탁실라라는 말이 빠져 있지만, 석가모니 부처님의 전생에 이곳에서 머리와 눈을 던져 다섯의 야차에게 먹였다는 기록도 있다. 이곳을 다녀간 현장 스님도 석가모니 부처님이 예언한 미륵보살이 이 세상에 출현할 네 군데 중의 한 곳이라고 소개했다. 불교 전설에 따르면 탁실라에는 엘라파트라(Elāpatra) 용왕이 살았는데 이 용왕이 석가모니 부처님을 뵈러 이곳에서 베나레스까지 가서 경배를 드렸다고 한다. 그런데 그 몸이 얼마나 긴지 꼬리는 탁실라에 있고 머리는 베나레스에 닿아 부처님 앞에 무릎을 꿇고 경배를 드렸다고 전해진다. 현장 스님이 이곳에 왔을 때 이 용왕 못에 대해 "이 물은 맑고 갖가지 색의 연꽃이 피어있다. 사람들이 사문과 함께 이곳에 와서 비를 청하면 반드시 이루어진다"라고 기록했다.

순례단이 탁실라 박물관 앞에서 기념사진을 찍고 있다.

탁실라 근처 하산 아브달(Hasan Abdal) 연못이라 추정된 곳으로 현재는 시크교도들의 중요한 성지로 남아 있다. 이 용왕 못은 시크교도의 창시자인 구루 나나크(Guru Nanak)가 기적을 일으킨 곳으로 매년 시크교도들이 참배하러 전 세계에서 찾아오고 있다고 한다.

이적과 전설을 간직한 쿠날라 불탑

탁실라에는 쿠날라 전설로 유명한 쿠날라 불탑이 있다. 아소카 왕의 아들인 쿠날라(Kunala)가 이곳에 총독으로 있을 때 계모의 계략에 의해 눈이 뽑힌 곳이다. 아소카 왕은 아들을 위해 이곳에 불탑을 세웠다. 사연에 따르면 쿠날라가 이곳에서 눈을 뽑힌 후 총독 자리에서도 쫓겨나 구걸하며 다니다 아버지 아소카 왕이 사는 궁전 근처에 가서 슬프게 노래를 불렀다. 이 노랫가락을 들은 아소카 왕이 아들의 목소리임을 알고, 일의 전모를 알게 됐다. 이에 아라한들을 초대해 자비를 베풀어 아들의 눈이 뜨이기를 간청했다. 아라한은 사람들에게 12연기법을 설하였고 이 법을 들은 사람들은 모두가 눈물을 흘렸다. 아라한이 사람들의 눈물을 금쟁반에 모아 그 눈물로 쿠날라의 감은 눈을 씻기자 즉시 눈을 뜨게 되었다고 한다. 이러한 이적이 전해지는 곳으로 현장 스님은 "시각장애인이 눈 뜨기를 기원하면 눈이 뜨이게 되는 일이 많다"라고 《대당서역기》 제3권에 기록하고 있다.

이적과 전설이 산재해 있는 만큼 탁실라에서 발굴된 간다라 유물도 많다. 탁실라 박물관에는 4,000여 점의 석조 조각, 석회 조각, 토기, 금, 은, 그리고 여타 금속 조각 등이 소장돼 있다. 고대 간다라 지방의 힌두교, 불교, 그리고 자이나교의 승원 유적과 고대 도시 유적에서 발굴 수집된 유물들이다. 특히 불교 전시품들은 기원전 1세기에서 7세기에 조성된 불상과 불교 조각들, 간다라 불교 유물들이 주를 이루고 있다.

파키스탄 고대사인 불교문화를 일깨운 한국 스님

순례단 이전에 이곳에 세 차례나 순례했던 대한불교천태종 전운덕 전 총무원장 스님도 옛 탑과 절터를 보고 찬탄해 마지않았다. 특히 아소카 대왕이 세운, 부처님 사리를 모신 사리탑인 다르마라지카 불탑은 그중에서도 가장 좋은 명당이라면서 현지인들에게 복원을 당부했다고 한다. 지난 2002년과 2007년 대승불교 시발지이자 불상의 기원인 이곳 간다라 지역의 고대 불교문화를 되살리기 운동에 참여하면서 복원의 필요성을 역설했다. 전운덕 전 총무원장

무샤라프 파키스탄 대통령(사진 좌측에서 세 번째)이 대한불교천태종 전운덕 총무원장 스님(사진 우측에서 세 번째)을 대통령궁에서 맞아 파키스탄 고대사에 대한 설명을 듣고 있다. 박교순(사진 우측에서 네 번째) 박사가 무샤라프 대통령과 전운덕 스님 대화를 통역 중이다.

은 또한 파키스탄 방문 시, 페르베즈 무샤라프 당시 대통령과 면담하는 자리에서 파키스탄의 찬란했던 고대 불교 역사와 문화를 상기하고 복원 노력에 힘써줄 것을 강조하자, 무샤라프 대통령은 우리가 몰랐던 고대사를 일깨워줘서 감사를 표시했다고 한다.

백제에 불교를 전한 마라난타 스님 이후 수천 년이 지나도 법맥을 이어가고 있는 한국의 후손인 전운덕 스님이 수천 년 후 선배 스님의 고향에 가서 그 나라 대통령에게 고대사를 일깨운 것이다.

INFORMATION

탁실라(Taxila)

파키스탄의 간다라 지역에 위치하는 도시이다. 탁실라는 인도와 그리스·로마 문헌에 언급된 것과 두 중국인 순례자 법현(法顯)과 현장(玄奘) 법사의 기술을 통해 알려졌다. 문자 그대로는 '깎아지른 바위의 도시', 즉 '타크샤의 바위'라는 뜻을 가진 타크샤실라(그리스 저자에 의해 탁실라로 음역됨)는 힌두교 비슈누 신의 한 화신인 라마의 동생 바라타에 의해 설립되었다고 인도의 서사시 〈라마야나(Rāmāyaṇa)〉에 기록되어 있다. 도시 이름은 바라타의 아들로 그곳의 첫 번째 왕이었던 타크샤의 이름에서 유래한다. 탁실라의 마을은 불교문화의 전성기 1,000년에 걸쳐 번영하였고 예술·교육·종교의 중심지로 알려져 있다. '단식하는 부처'상은 세계에서 가장 귀중한 미술품 중의 하나이며, 현재 라호르 박물관에 안치되어 있다.

8

전설 속 성인으로 회자하고 있는 마라난타

순례단은 불두의 어원이 서린 탁실라를 떠나 부처님이 전생에 몸 보시한 곳으로 알려진 페샤와르 지역을 향했다. 물론 그 길은 마라난타 스님의 고향 초타 라호르를 향하는 길이었다. 마라난타 스님이 구도와 포교를 위해 걷고 배를 타고 중국과 백제에 왔다면, 순례단은 비행기와 버스로 이동했다. 첫 기착지 라호르부터 이슬라마바드 그리고 페샤와르에 이르는 길은 한국의 대우건설이 낸 길이었다. 파키스탄 최초의 고속도로인데, 6차선에 전체 길이 551km이다. 그 고속도로에는 삼미대우익스프레스라는 고속버스가 달리고 있었고, 승객은 파키스탄 사람들이었다. 우리 순례단을 태운 버스는 현지

순례단이 마라난타 생가터를 향해 야단법석을 갖고 있다.

버스지만 대우건설이 개통시킨 그 길을 따라 순례하고 있다는 것만으로도 감개무량했다. 한국의 대우건설 임직원 300여 명이 지난 1993년에 착공, 1997년 고속도로를 개통하기 전까지 귀국하지 않는 조건으로 파견됐다고 하니 아마도 무문관 수행이나 다름없었다는 것을 연상시켰다.

페샤와르로 향하는 그곳은 석가모니 부처님이 전생에 시비(Sibi) 왕이었을 때 독수리한테 쫓기는 비둘기를 대신하여 그의 살점을 독수리한테 떼어 준 장소다. 또 전생에 수디라(Sudhira) 왕이었을 때 장님인 브라만에게 그의 눈을 빼 준 곳이며, 전생에 마하사트바(Mahasattva) 왕자였을 때 호랑이가 새끼를 낳고 먹을 것이 없어 굶주려 죽어 가는 것을 보고 자기 몸을 찔러 피를 먹게 했는데 호랑이가 그를 먹어 버렸다는 비사가 전해져 내려오는 곳이다.

마라난타 스님 생가터 가는 길 훈드

페샤와르로 향하는 그 길에는 마라난타 스님의 고향 가는 길을 거쳐야 하는 훈드 지역이 있다. 기원전 323년 알렉산더대왕이 군대를 이끌고 건넜다는 인더스강 유역이 바로 그곳이다. 힌두 샤히(Hindu Shahiun) 왕조의 수도였다고 한다.

훈드는 인더스강 왼쪽 강변에 있는 간다라 스와비 지역의 작은 마을이었지만, 기원전 323년 알렉산더대왕이 인더스강을 건너간 중요한 역사적 도강 지점이라 지역 주민들은 이곳을 알렉산더 포인트라고도 불렀다. 훗날 이곳에 훈드 박물관을 세우고 기념비도 세웠다. 동서를 잇는 카이버 패스라는 고개를 넘어 인도로 침범하는 군대들은 거의 모두가 이곳을 거점으로 인더스강을 건너갔다고 한다.

삼장법사 현장 스님도 620년에 이곳을 다녀갔다고 한다. 석가모니 부처님이 전생에 바센타라 왕자로 이곳에서 탄생했다는 구전 때문이다. 훈드는 또한 산스크리트어 문법학자인 '파니니'의 탄생지이기도 하다. 7세기경에 많은 불자가 다녀갔는데 특히 중국의 스님들이 다녀갔다고 전해진다.

부처님 《본생경(本生經, Jataka)》에는 이곳에서 일어난 여섯 개의 송곳니를 가진 코끼리에 관한 이야기가 전해지고 있다. 석가모니 부처님의 전생 이야기다. 이 코끼리는 두 마리의 아내 코끼리와 함께 숲속에서 행복하게 살고 있었다. 그런데 어느 날 생각지도 못한 일이 벌어졌다. 이 코끼리는 숲속에 서 있는 커다란 나무와 부딪혔다. 이에 나무가 흔들리자 꽃과 꽃가루가 한 아내 코끼리의 등 위에 떨어진 반면 다른 아내 코끼리 등에는 죽은 나뭇잎과 썩은 나뭇가지만이 떨어졌다. 이를 시기한 다른 아내 코끼리는 밥을 굶고 끝내 죽으면서 다음 생에는 아름다운 여인으로 태어나기를 원했다. 다른

순례단이 훈드 박물관 앞에서 기념촬영을 하고 있다.

아내 코끼리는 원대로 다음 생에 베나레스라는 여왕으로 환생했다. 베나레스 여왕은 전생에 다른 코끼리 아내로 홀대받은 일을 되살려 복수를 결심하고 군사들에게 숲속에 있는 코끼리 왕을 죽이고 송곳니를 가져오라 명했다고 한다. 이에 군사들은 여왕의 명을 받고 숲속에 들어가 코끼리 왕을 찾아 독이 묻은 활로 쏴 죽였다. 그리고 송곳니를 잘라 여왕에게 바치면서 코끼리 왕이 순순히 송곳니를 내주었다고 보고했다. 그때야 베나레스 여왕은 자신의 어리석음을 크게 뉘우치고 그 자리에서 죽었다는 설화가 전해진다.

순례단이 훈드지역을 특별히 들렀던 것은 마라난타 스님의 생가가 있다는 점 때문이었다. 중국 현장 스님도 620년 이곳을 지날 때 많은 불교사원과 스투파(사리탑)가 있었다고 한다. 마라난타 스님 생가 지역을 방문하기에 앞서 점심 무렵이라 라하둘라 칸이라는 장미농장 농장주의 초대를 받았다. 순례단과 현지 경호팀까지 40여 명을 저택에 초대해 성대한 점심 공양을 마련한 것이다. 종교와 나라는 달라도 성스러운 곳을 찾아 나서는 이들을 반기는 마음이 고맙게 느껴졌다.

1628년 만에 마라난타 스님 생가터 초타 라호르 순례

점심 공양을 마친 순례단은 장미농장을 떠나 전용차로 시골길을 30여 분 달리다 보니 마라난타 스님의 생가 지역인 초타 라호르에 닿았다. 384년 백제 침류왕의 초대로 백제로 가 불교를 전한 마라난타 스님의 고향이었다. 마라난타 스님은 이곳에서 탄생한 브라만 출신이었지만 출가 후 중국 동진을 거쳐 전라남도 영광군 법성포로 왔다. 마라난타 스님은 불법을 전하기 위해 왔지만, 필자는 그 스님의 탄생지를 역으로 찾아온 것이다. 순례단 중 영광 출신은 필자가 유일했기 때문에 감격과 감동은 남달랐다.

마을은 우리네 시골 마을처럼 소박했다. 마을에 대형버스와 무장한 경호 차량이 들어서니 동네 사람들이 몰려들었다. 통역에 나선 박교순 교수는 마라난타 스님이 외국으로 가서 큰 인물이 되었다는 이야기가 이곳 마을의 전설로 전해지고 있음을 들려주었다. 마라난타 스님의 생가터에는 당시 커다란 스투파가 있었다는 흔적만 남아 있었다. 순례단 일행은 그 흔적만 남은 스투파 앞에 임시로 마련한 돗자리를 펼치고 예를 표하는 임시 법회를 봉행했다. 물론 마라난타 스님이 한국에 불법을 전해준 무량 공덕을 찬탄하기 위한 것이었다. 조촐히 마련한 과일과 꽃을 차려놓고 합장한 자세로 반야심경을 힘찬 목소리로 독경하자 동네 주민들은 의아해했다.

폐허나 다름없는 곳에 수십 명의 순례객이 예의를 갖추고 의식을 올리고 있었으니 그럴 만도 했다. 감격에 겨운 스님이 눈물을 흘리며 독경하자 이들의 표정은 갈수록 경건해졌다. 어색함도 잠시였다. 짧았지만 경건한 법회를 통해 순례단은 불교를 전한 성인의 생가터를 찾은 희열로, 그 동네 사람들은 전설 속의 그 나라에서 찾아온 대한민국의 순례단에 대한 반가움으로 야단법석을 같이했다.

순례단 일행은 마을 촌장에게 이곳 출신인 마라난타 스님이 한국에 불법을 전한 성인이라는 점을 설명하고 그 흔적을 마을 어귀에 표시해 달라고 당부했다. 순례 당시 기준으로 1628년 만에 성인의 고향을 찾은 감회를 남기기 위해서였다.

마라난타 스님 탄생 당시에는 동서양의 문화 문명의 보고였던 곳이 지금은 무너진 사리탑과 들풀로 무성한 곳으로 변해 있는 모습은, 불가에서 말하는 제행무상의 바로 그 본보기였다. 불가에 입문해 저 먼 백제 땅을 찾아 불교를 전한 스님의 위대함은 세월이 흐를수록 더욱 빛나고 있다. 마라난타로 인해 불법을 받아들인 한국과 일본은 문화와 경제 여러 방면에서 성장을 거듭했고 이제는 세계 주요국으로 자리하고 있기 때문이다. 당연히 자부심이 앞섰다.

INFORMATION

《본생경(本生經, Jataka)》

팔리어(소승불교 경전에 쓰인 종교 언어로 인도 북부에 기원을 둔 중세 인도아리아어)로 쓰인 고대 인도의 불교 설화집이다. 석가모니의 전생(前生)의 이야기, 즉 고타마 붓다가 석가족(釋迦族)의 왕자로 태어나기 이전, 보살로서 생을 거듭하는 사이에 천인(天人)·국왕·대신·장자(長子)·서민·도둑 또는 코끼리·원숭이·공작·물고기 등의 동물로서 허다한 생을 누리며 갖가지 선행 공덕(善行功德)을 행한 이야기 547종을 수집했고, 기원전 3세기경부터는 당시의 민간 설화를 모아 불교적 색채를 가하여 성립되었다.

9

무착과 세친을 낳은 페샤와르와 스와트

순례단 일행은 마라난타 스님의 생가터를 뒤로하고 스님이 브라만 가문에서 불가로 출가 후 수행했던 페샤와르와 스와트 성지 일정에 나섰다.

마라난타 스님이 우리에게 법을 전했다면 대우건설은 파키스탄에 길을 내

페샤와르까지의 고속도로는 대우건설이 개통시켰다. 마치 마라난

순례단이 탁티바히 수행센터 내 사리탑에서 탑돌이하고 있다.

타 스님이 불법을 전하기 위해 이역만리 길을 마다하지 않고 384년 전남 영광 법성포에 이르렀듯이, 한국의 대우건설은 파키스탄과 중앙아시아를 잇는 고속도로를 개통해 경제부흥의 길을 열었다. 대우건설이 개통한 고속도로에는 한국 회사가 운영하는 대우버스라인 고속버스가 달리고 있었다. 버스는 한국에서 만든 고속버스이고 승객은 물론 파키스탄 사람들이다. 파키스탄의 수도 이슬라마바드의 중앙 버스정류장은 대우정류장으로 부른다. 광활한 평야를 3시간가량 가자 앞에 높은 산맥 줄기가 펼쳐져 있었다. 카이버 패스라는 길로 아프가니스탄과 파키스탄을 잇는 유일한 고속도로 역할을 하고 있다. 2,300년 전 알렉산더대왕도 이 험준한 고개를 넘어 인도 북부에 올 수 있었다고 한다. 파키스탄의 40개 도시 44개 노선을 오가는 '대우익스프레스(대우버스라인)'는 친절 서비스로 선풍적인 인기를 끌면서 '한국식 경영'의 위상을 드높이고 있었다. 파키스탄은 카자흐스탄-아프가니스탄-파키스탄-인도를 잇는 서남아 경제블록의 중심도로(모터웨이 프로젝트)로 육성하고자 M-2를 만들었지만, 아프가니스탄이 분쟁지역이 되면서 기대를 충족시키진 못했다. 하지만 여전히 가능성은 잠재돼 있다. 그 길을 달려 간다라 문명의 중심지였던 페샤와르로 향했다.

유식 사상가이자 사후세계를 설한
무착과 세친 그리고 파드마삼바바

페샤와르와 스와트는 불교사에 길이 빛나는 유식 사상가인 무착(無着)과 세친(世親)의 고향이자 티베트에서는 제2의 부처님이라고 불리는 파드마삼바바(Padmasambhava)의 고향이기도 하다. 이렇듯 페샤와르와 스와트 지역은 파키스탄의 카이베르파크툰크와주 지역의 간다라 불교 사상가들의 고향이기도 하다.

페샤와르는 쿠샨 왕조의 수도로 '사람들의 도시(City of men)', 또는 '꽃의 도시(City of flower)'라는 의미로 알려져 있다. 카니시카 왕은 이곳을 쿠샨 왕조의 수도로 삼고 신성한 불교의 터전으로 조성했다. 또한 카니시카 왕이 세운 거대한 탑과 부처님이 정각을 이룬 직후 처음으로 공양을 받은 발우가 있었던 곳으로 유명하다. 그 때문에 신라 혜초 스님을 포함한 많은 중국의 순례 승들이 이곳을 다녀갔다는 기록이 있다.

페샤와르에 도착하자 카이베르파크툰크와주 샤(Shah) 문화관광부 장관은 "지난 1988년 서울올림픽 때 파키스탄 대표단 일행으로 방문한 적이 있다"라면서 순례단을 반갑게 맞이했다. 샤 장관은 스투코로 조성된 부처님 흉상을 순례단 한 사람 한 사람에게 증정하는 의례로 환영을 표했다. 환담이 오가는 사이에 본인도 순례길에

탁티바히 수행센터 내 개인 명상 토굴.

동행할 것이니 안전은 염려하지 않아도 된다고 강조했다.

간다라 최고의 명상 수행센터 탁티바히

장관 접견과 환대를 마치고 버스로 80km를 달려 간다라 불교의 최대 명상 수행센터로 향했다. 순례단 일행은 샤 장관의 안내로 굽이굽이 계단을 올라 정상 부근의 드넓은 탁티바히(Takht-i-Bahi) 수행센터에 도착했다. 미리 준비한 공양물과 꽃으로 탁티바히 경내 스투파(사리탑) 앞에서 예불을 마친 후 탑돌이를 했다. 탁티바히는 기원전에 300여 명의 스님이 수행·정진했던 곳으로 이미 유네스코 세계문화유산에 등재돼 있다고 한다. '높은 산에서 물이 나오는 곳'이란 이름인 탁티바히는 기원전 1세기경 수행센터를 연 것으로 추정하고 있다.

한국불교로 말하면 선원에 해당하는 탁티바히 내 한 중앙에는 거대한 스투파가 조성돼 있고 주위에는 여러 감실이 둘러싸여 있었다. 스투파 주위 감실에는 불상이 모셔져 있었고, 한쪽에는 밀교 스님들이 명상했던 낮은 천장의 한 토굴이 눈에 들어왔다. 승원 안에서 발견된 조각들은 여러 형의 불상을 비롯하여 부처님 일대기를 전하는 조각상들로 장식돼 있었다. 탁티바히 수행센터는 수천

간다라 지역 카이베르파크툰크와주 문화관광부 장관이 필자에게 불상을 선물하고 있다.

년이 흐르는 동안에도 거의 완전한 상태로 보존된 상태였다. 요사채, 주방 그리고 명상 토굴도 복원시켜 이곳이 수행 공간임을 알 수 있었다. 또한, 예수님의 제자 토마스도 명상했다는 토굴에 직접 들어가 보았다. 수천 년 전 수행자들의 엄숙했던 수행 장면이 그려졌다. 그 탁티바히 수행센터에서 수행했을 마라난타 스님을 회상하기 위해 전남 영광군 법성포 어귀에는 마라난타 스님을 기념하는 뜻에서 축소판 탁티바히 수행센터를 조성해놓고 있다.

불탑의 상징 카니시카 대탑의 흔적을 찾아서

탁티바히 수행센터 순례를 뒤로하고 순례단은 카니시카 대탑의 흔적을 찾아 나섰다. 석가여래께서 아난에게 "내가 입멸한 후 500년이 지난 후 이 세상에 카니시카라는 뛰어난 왕이 나타나 이곳에 큰 탑을 세울 것이며 내 몸의 골육 사리가 거의 여기에 모일 것이다"라고 말했다고 한 곳이다. 카니시카 왕이 실제로 부처님의 가르침을 깊이 받아들인 후 작은 탑을 돌며 돌탑을 세우면서 그 공덕의 힘으로 작은 탑을 덮을 수 있도록 발원했다. 그러나 돌탑의 높이가 높아지면 작은 탑의 높이도 똑같이 높아지면서 항상 3척이 더 나와 있었다. 차츰 돌탑의 높이가 400척을 넘고 그 기초가 서 있는 곳의 주위가 1기단은 5층으로 높이 150척이 되어서야 겨우 작은 탑을 덮을 수 있었다. 이에 카니시카 왕은 기뻐하여 다시 그 위에 25층의 금동 탑머리를 세우고 석가여래의 사리 1곡(10말)을 그 안에 안치하여 봉헌했다. 탑을 세우고 난 후 보니 작은 스투파가 큰 탑의 기단 귀퉁이에 반쯤 나와 있었다. 왕은 이 탑을 없애도록 하였다. 그러나 없애려는 동시 그 작은 탑은 굳어버렸고 작은 탑이 있던 원래 자리에 또 하나의 탑이 생겼다. 그래서 왕은 자조적인 말로 "아, 사람의 일은 잘못되기 쉽고 부처님 하시는 일은 덮을 수가 없구나. 부처님이 하시는 신령스러운 일에 어찌 사람의 생각으로 따라갈 수 있겠는가" 하며 참회하고 돌아갔다고 한다. 이 두 개의 탑에서 병에 걸려 낫고자 하는 자는 향을 바르고 꽃을 뿌려 진심으로 귀의하면 완전히 낫는다는 기록과 함께 햇빛이 나면 이 탑은 금빛으로 빛났다고 한다. 혜초 스님은 이 탑에 대해 "세친과 무착 보살이 주석하던 절로서 이 절에 큰 탑이 있는데 늘 빛을 발한다"라고 기록했다. 기원후 1000년에 이곳을 찾은 알 베르니가 "이 탑은 카니시카가 세워서 그 이름을 따서 카니시카 탑이라고 부른다"라고 했다.

사람들은 이 탑을 다른 어떤 모든 탑과 비교할 수 없는 장엄하고 아름답기가 이루 말할 수 없는 세상에서 가장 높은 탑이라고 입을 모으고 있으나 카니시카 대탑은 지금은 아쉽게도 자취조차 남아 있지 않다.

INFORMATION

파드마삼바바(Padmasambhava)

8세기에 활동한 전설적인 인도의 불교 신비주의자. 티베트 불교에서 등장하는 인물로, 부처는 자기가 죽은 뒤 '파드마삼바바(蓮華生)'라는 이름으로 부활할 것이라고 말했다고 한다. 전설에 따르면 파드마삼바바는 연꽃 봉우리 안에서 태어난 부처님이라고 한다. 파드마삼바바는 8세기에 탄트라 불교를 부탄과 티베트에 전한 것으로 알려져 있다. 파드마삼바바는 아미타불의 화신(化身)으로 여겨지며 전통적으로 '두 번째 부처'로 숭배되기도 한다. 《티베트 사자의 서》와 《해탈의 서》를 비롯한 수많은 경전을 남겼다.

10

부처님 사리를 분배한 싱가다르 사리탑

순례단 일행은 페샤와르를 지나 말라칸드 패스(Malakand pass)를 넘어 스와트로 향했다. 그 길에는 험준한 산자락에 영국의 윈스턴 처칠 총리가 대영제국 시절 장교로 근무했던 초소가 있었다.

스와트는 티베트에 불교를 전하고 석가모니 부처님 화신이라고 추앙받는 파드마삼바바의 고향이기도 하다. 페샤와르를 떠나 스와트로 가는 길은 험준한 만큼 순례단 일행은 긴장감을 멈출 수 없었다. 이를 의식한 듯 파키스탄 정부와 현지 간다라 협회는 군 장갑차와 경찰차로 경호에 나섰다. 스와트가 빈 라덴 사살 지역 인근인 데다 치안 부재나 다름없는 아프가니스탄 접경지역이었기 때문이다.

파드마삼바바의 고향 스와트

스와트는 중국에선 오장나국(烏仗那國), 혜초 스님은 오장국(烏萇國)으로 불렀다. 스와트는 '살기 좋은 곳'이라는 의미에 더해 '아름다운 정원'이라고도 불린다.

당나라 시절 현장 스님도 수목이 무성하고 꽃과 과일이 풍부하다고 했다. 스바스투 강(Subhavastu river, 오늘날 스와트강)을 끼고 원래는 절과 불탑이 1,400개가 있었고, 스님도 18,000명이 있었다고 전한다. 혜초 스님은 이 나라 왕은 삼보를 매우 공경하고 절과 스님이 많고, 스님이 오히려 일반 사람들보다 더 많다고 했다.

스와트는 티베트에 불교를 전한 파드마삼바바의 고향이다. 그는 747년 라다크와 티베트에 불교를 전파하는 데 매우 중요한 역할을 했다고 한다. 티베트에서는 파드마삼바바가 제2의 부처님으로 불렸다고 전해진다. 간다라 지역 출신 중 한 명인 마라난타 스님이 384년 멀고 먼 순례길을 따라 백제에 불교를 전했다면, 파드마삼바바 스님은 747년 전후로 티베트에 수행자의 참모습을 보여준 데 기인한 것으로 보인다.

《티베트 사자의 서》는 1,200년 전 파드마삼바바가 티베트 산속에서 집필한 100여 권 중의 하나로, 집필 후 히말라야 곳곳 동굴 속에 감추어 둔 책으로 알려졌다. 환생한 그의 제자들이 100권 중

65권의 책들을 찾았고 그중의 한 권이 릭진 카르마 링파가 찾은 《티베트 사자의 서》다. 릭진이 찾았을 당시의 제목은 '바르도 퇴돌' 이었다. '바르도'는 둘 사이, 낮과 밤의 사이, 이 세계와 저 세계의 사이, 죽은 사람이 환생하기 전까지 49일을 머무르는 세계를 의미한다. '퇴돌'은 '듣는 것으로 영원한 자유에 이르기'라고 한다. 죽은 자, 혹은 죽어 가는 자에게 '사자의 서'를 읽어줌으로써 영원의 자유(행복한 환생)를 얻게 해주는 글이라고 한다. 우리에게 《티베트 사자의 서》로 출간된 이 책은 죽음과 환생의 단계를 풀어냄으로써 선풍적인 인기를 끈 바 있다.

책의 주요 내용은 우리 불가에서 사자를 위로하고 극락왕생을 바라는 사십구재와도 다르지 않은 내용이라는 점에서 한 뿌리라는 점을 알 수 있다.

스와트의 산에는 현장 스님이 언급한 것처럼 많은 절과 탑이 산재해 있고 부처님의 전생 이야기와 관련된 유적이 많았다. 이곳 스와트 지역의 주요 유적발굴 작업과 연구는 이탈리아 고고학팀의 역할이 컸다고 한다.

스와트에는 부처님 입멸 후 8개국으로 사리 분배를 할 때 이곳의 왕이 부처님 사리를 분배받아 모신 싱가다르 사리탑(Singardar stupa)이 있다. 이 탑에는 이런 이야기가 있다.

당나라 시절 현장 스님의 기록에 따르면 "여래가 입멸하려고 할 때 제자들에게 내가 열반에 들 때 우디야나국의 왕에게도 사리를 나눠 주라고 부탁한다. 그러나 이 왕이 늦게 도착했고 변방의 왕을 업신여기는 경향이 있어 나누어 주기를 꺼렸다. 그러자 천인들이 부처님의 유언을 상기시켜 같은 양의 사리를 분배받아 돌아와 이곳에 봉안하고 탑을 세웠다. 이 자리에 세우게 된 까닭은 사리를 싣고 가던 하얀 코끼리가 이곳에 주저앉아 죽어 그대로 돌이 되었다. 그래서 그 옆에 탑을 세웠는데 탑 주변 강가에 코끼리 형상을 한 큰 돌이 있다"라는 이야기다.

불교사에 사찰을 창건하거나 중창 불사 그리고 사리탑을 조성할 때 구전으로 들려오던 이적이 어쩜 이리 같을 수가 있을까 하는 신묘한 이야기다. 충청도 갑사나 평택 심복사에도 중창 불사 시에 스님 현몽 속에 소가 진짜 나타나 목재와 불상을 옮겨다 놓고 불사를 거들었다는 우공탑 이야기와 흡사하다. 싱가다르 사리탑에 사리를 옮겼다는 코끼리 형상의 돌은 보이지 않지만, 이 탑이 있는 마을 뒷산의 형상이 코끼리가 누워 있는 것 같았다.

현장 스님 기록에서 보는 것과 같이 본래 스와트에는 수많은 절과 탑 그리고 스님들이 있었다는 기록대로 발굴된 절과 탑이 많았다. 그리고 부처님의 발자국과 가사를 말린 흔적이 있는 바위도 있었다.

부처님 사리 분배한 여덟 곳 중 한 곳인 싱가다르 사리탑

싱가다르 사리탑은 스와트 계곡 작은 마을 입구에 서 있었다. 스투파 건축 양식으로 장엄물이 아주 특이했다. 기단은 방형을 이루고 있고 몸통은 원통형, 정상은 돔 모양이었다. 파키스탄 고대사에 까막눈이었던 인근 마을 주민들은 기단을 쌓은 많은 돌을 자기 집 돌담을 쌓기 위해 빼 가서 원형 탑 곳곳이 이빨 빠진 것처럼 보였다. 원통형 탑신은 두 개의 띠로 둘러쳐 있었고 윗부분 띠는 둘레가 12m, 탑 높이는 27m, 정상 부분은 돔이라고 한다. 다행히 유네스코에서 다시 마을 주민들 돌담을 사들여 싱가다르 사리탑 원형복원을 하고 있었다.

순례단 일행은 탑돌이로 예불을 겸한 후 탑에서 멀지 않은 곳에 있는 호텔에 도착했다. 스와트 지방 장관 영빈관을 호텔로 만든 곳이었다. 잘 꾸며진 정원 곳곳에 경비가 삼엄했다. 이 지역 사단의 군사령관과 행정관, 지방 경찰 책임자까지 나서 순례단의 안전을 위한 조치였다고 한다. 그곳은 탈레반과 알카에다 거점인 아프가니스탄 접경지역이기 때문이었다. 안전을 의식해서였는지 저녁 만찬은 지역 사령관이 주최하면서 다음 날 있을 성지 순례에도 안전하게 모시겠다는 말을 특별히 강조했다. 만찬이 끝나고 다음 날을 위해 일찍 잠자리에 들었지만, 밤중에 일어나 방문을 열고 밤하늘을 보

싱가다르 사리탑에서 예불을 올리고 있는 순례단.

려는 순간 무장한 군인들이 순례단 숙소를 지키고 있는 모습에 긴장감을 늦추지 못했다. 그 모습에서 종교는 다르지만, 자국의 고대 유적들에 대해 위험을 무릅쓰고 찾아준 순례단에 대한 각별한 배려임을 느낄 수 있었다.

INFORMATION

현장(玄奘) 스님

현장은 당나라 초기 고승이자 번역가이며, 흔히 현장삼장(玄奘三藏)으로 불린다. 인도로 떠나 나란다 사원에 들어가 계현(戒賢, 실라바드라) 밑에서 불교 연구에 힘썼다. 이후 중국으로 돌아와 인도 여행기인 《대당서역기(大唐西域記)》를 저술하였다. 이 책은 당시 인도나 중앙아시아(서역)를 알기 위한 중요한 사료다. 우리에겐 손오공이 등장하는 소설 《서유기》에 나오는 삼장법사로 잘 알려졌다.

11 죽음의 고개 넘어 만난 부트카라 스투파

순례단 일행은 파키스탄 지역 간다라 불교의 마지막 성지인 스와트의 부트카라 스투파(사리탑) 친견을 위해 말라칸드 패스(Malakand pass, 말라칸드 고개)를 넘었다. 이 길은 파키스탄 북부에서 시작하여 아프가니스탄 중부를 연결하는 힌두쿠시산맥 속에 있다. 수천 년 역사를 써오는 사이에 '제국의 무덤'이라 할 만큼 수많은 전쟁을 치른 곳이기도 하다. 근세기에는 영국과 소련 그리고 최근에는 미국도 이곳에서 참패를 거듭하고 철수했다. 옛날 페르시아 군대가 인도 북부에 침입하여 힌두 인도인들을 노예로 잡아 이동하면서 이 길에서 수많은 인도 노예들이 죽었다. 그 후부터 이 산맥을 힌두쿠

부트카라 스투파 앞에서 순례단이 예불을 올리고 있다.

시라 부르기 시작했다고 한다. '쿠시'는 우르두어로 '죽음'을 뜻한다. 즉, 힌두쿠시는 죽음의 길인 셈이다. 그만큼 험하다는 이야기다.

제국의 무덤 말라칸드 고개

순례단이 넘은 말라칸드 고개는 처칠(Winston Churchill)이 1897년 종군 기자이자 보병 소위 시절 말라칸드 고개 밑에 자리 잡은 병영을 설명하는 데서도 나온다. 이곳은 분화구 같아서 마치 깨진 사발의 이처럼 주위에 높은 산봉우리가 둘러 있어, 진지를 공격하기에는 거의 불가능하다고 했다고 한다. 말라칸드 고개 정상에는 아직도 옛날의 작은 성곽이 남아 있고 이곳에서 내려다보면 오래전에 개척된 실크로드(비단길)가 여전히 남아 있다. 지금도 사람들은 그 길을 오가고 있다. 순례단은 새로 낸 길을 따라 해발 3,000m가 넘는 고갯길을 아슬아슬하게 넘어갔다. 이 지역 사람들은 이 고개를 마치 등을 구부린 사람의 등뼈처럼 여러 봉우리가 길게 어우러져 있어 말라칸드라고 불렀다. 높은 데다 굴곡이 많아 이 굴곡을 돌아 넘어가는 데는 여러 위험이 도사리고 있다. 노련한 버스 기사의 운전 솜씨가 아니면 고개를 넘어갈 엄두가 나지 않는 곳이다.

고고학적으로 말라칸드 패스 지역은 간다라 문화의 중심지였다.

윈스턴 처칠 영국 총리가 군대 장교 시절 근무했던 말라칸드 패스의 최전방 초소.

말라칸드 패스. 새 길 아래 옛길이 과거의 실크로드다.

이 지역에는 많은 불교 유적들이 산재해 있다. 마지막 불자 왕은 지라 왕으로 기원전 900년까지 이 지역을 통치했다고 한다. 그 후 여러 왕국이 이 지역을 탐을 내 정복하려 했지만 여러 부족이 강력하게 저항함으로써 어느 한 왕국도 이 지역 부족들을 정복, 통합할 수 없었다고 전해진다. 1882년 영국군이 막대한 비용을 치르고 고개 넘어 영국군 기지에 접근할 수 있는 권한을 요구하자 이곳을 사수하려는 지역 부족과 전투가 벌어졌다. 강력한 영국군의 화력으로 이 지역 부족들이 패하기는 했지만, 영국군도 전투 과정에서 많은 희생을 치렀다고 한다. 마치 알카에다와 탈레반이 소련과 미국을 상대로 대항한 것과 같다.

오늘날 이 지역에 사는 여러 부족 가운데 하나가 악명 높은 '파탄(Pathan)족'인데, 이 고개를 넘어가는 외국인들에게는 큰 경계의 대상이었다. 1897년 파탄족의 반란을 진압한 영국군은 전쟁 상황에서 부상병을 현지에 남겨놓지 않고 목을 끌고서라도 함께 후퇴했다고 한다. 이유는 부상병이 파탄족의 손에 넘어갈 경우, 사지를 자르고 각종 고통스러운 방법으로 살육한다는 사실을 알고 있었기 때문이다. 이 밖에도 간다라 지역 부족들이 영국과 소련. 그리고 미국이라는 제국과 맞서 싸우는 과정에서 보여준 처절했던 기록들이 곳곳에 전해진다. 알카에다와 탈레반의 주 거점이 바로 이곳 파키스탄 북쪽과 아프가니스탄 남부 쪽 접경지역이다.

파괴된 부트카라 스투파

그 험한 고개를 넘어 스와트 불교 유적지 가운데 가장 중요한 곳 중 하나인 부트카라 스투파(Butkara stupa)를 친견했다. 이곳에 최초로 스투파를 세운 사람은 아소카 왕으로 추정하고 있다. 이후 다섯 차례에 걸쳐 보수되고 증축했다는 기록은 있지만, 지금은 파괴되고 부서진 흔적만 전해질 뿐이다. 침략전쟁에서 문화유산이란 한낱 거추장스러운 장애물처럼 보였나 보다.

스와트 지역은 간다라 불교의 중요한 불교 신행 중심지였지만 알렉산더대왕과 지역 부족 간의 전투가 치열하게 전개됐던 곳이었다. 기원전 327년 알렉산더대왕은 아프가니스탄에서 인더스강으로 내려가는 길에 스와트 지방을 지나면서 네 번의 전투를 벌였다고 한다. 그 후 기원전 2세기경인 아소카 대왕 당시부터 기원후 9세기까지 이 지역에서 불교가 크게 꽃을 피웠다. 간다라 불교의 전성시대였다. 1,400여 개의 승원이 세워지고 수많은 불상이 조성될 만큼 불교 유적의 보고였다.

이슬람교가 간다라 지역인 이곳에 들어온 것은 7세기경으로 추정하고 있다. 그 후 수 세기 동안 불교와 이슬람교가 공존해 온 것은 당시 이슬람교는 불교 승원과 스님들의 신행행위에 간섭하지 않았기 때문이다. 이러한 간다라 지역의 불교와 이슬람교의 공존은 이곳을 점령한 가즈니 왕조의 마흐무드 왕(Mahmud of Ghazni)이 998~1030년 사이 통치하는 동안 종지부를 찍었다. 마흐무드는 당시 간다라 지방을 통치하던 힌두 왕 자야팔라(Jayapala)를 쫓아내고 그의 아들을 암살, 1012년 간다라 지역 불교의 막을 내리게 한 장본인이다. 마치 탈레반이 지난 2001년 파키스탄 북쪽과 인접한 아프가니스탄 지역에 있는 높이가 53m에 달하는 세계에서 가장 큰 부처님 입상인 바미안 석불을 파괴한 모습과 겹친다. 마흐무드는 불교 승원과 승단을 자신의 통제하에 두고 압박함으로써 승단은 점차로 그 세를 잃어갔고 마침내 간다라 지방의 불교는 더 존속할 수 없게 되었다고 한다.

그 후로도 16세기 무굴제국이 이 계곡으로 침입하였으나 성공하지 못하고 아크바 황제도 이곳 전투에서 참패했다. 19세기에는 아쿤드가 이 지역 부족을 통합하여 세력을 형성했고 이슬람교의 수피(신비주의)로서 강력한 지도력을 발휘했다고 한다.

그곳 스와트 지역의 부트카라 스투파는 지난 1956년 이탈리아 고고학자들에 의해 발굴되기 시작했는데 스투파와 그 주변이 그리스식 건축 양식으로 장엄한 흔적들이 남아 있었다. 건축 양식으로 미루어 그리스와 인도 왕조의 후원하에 보수와 증축이 된 것으로 보고 있다. 간다라 불교 유적지에서 발견된 동전도 인도와 그리스 왕조 때인 기원전 1세기경이라고 한다. 이탈리아 고고학팀은 이곳에서 발굴된 많은 유품을 본국으로 옮겨서 토리노 동양 미술관 (Museo d' Arte Orientale, MAO)에 전시 중이라고 한다.

문화유산도 힘이 있을 때나 보존 가능하다는 것을 보여준 간다라

수많은 침탈과정에서 수탈한 문화재들이 정작 본 고장에는 없고 타국에서 보전되고 있는 어처구니없는 사례 중 하나다. 문화도 결국 힘이 있을 때나 보존되고 발전된다는 것을 순례단은 간다라 지역 불교 유적지 곳곳에서 확인할 수 있었다.

아이러니하게도 정확하게 언제 간다라 지역인 파키스탄과 아프가니스탄의 불교 승원이 마지막으로 폐쇄됐는지는 알 수 없다. 왜냐하면 이슬람교의 도래와 함께 간다라 지방의 많은 불교 유산들을 이슬람교 후손들이 관리하고 보존하고 있기 때문이다. 지금도 파괴된 불교 유산을 이슬람 국가인 파키스탄과 아프가니스탄이 유네스코의 후원 아래 보수 중이다.

○○○ INFORMATION

마호무드 가즈니

가즈니 왕조는 아프가니스탄의 가즈니에 의한 튀르크계의 이슬람 왕조이다. 북인도를 지배한 첫 번째 이슬람 왕조로 가즈나 왕조라고도 한다. 마호무드(971~1030, 재위 998~1030)는 가즈니 왕조의 왕으로, 수부크티긴의 아들이다. 마호무드가 재위 시에 전성기를 이루었다. 마호무드는 이슬람 교권사(教圈史) 중 가장 위대한 통치자의 한 사람으로 전해지며, 술탄의 칭호를 얻은 최초의 왕이다.

12 한국과 일본의 정신을 개벽한 마라난타 스님

순례단은 2012년 5월 3일 5박 7일간 파키스탄 간다라 순례길을 마무리하고 귀국 후 곧바로 귀빈 영접에 착수했다. 이번에는 간다라 불교문화 복원에 앞장서 온 파키스탄 고위 관계자들이 한국불교 답례길에 나섰기 때문이다.

영광 법성포 소재 간다라유물관을 찾은 답례단과 순례단.

간다라 고위 관계자들 마라난타 스님 찾아 이역만리 답례길

답례단에는 고대 간다라 지역의 수도였던 페샤와르, 스와트, 탁실라를 아우르는 지역인 카이베르파크툰크와주 관광부 장관과 차관, 파키스탄 내무부(행정안전부) 담당 과장, 관광공사 전 사장, 간다라 문화예술협회 이사, 국립예술대 건축과 교수 등 5명이었다. 이들의 답방을 추진한 한국 측은 천태종(당시 총무원장 전운덕 대종사)과 대한불교총연합회였다. 이들 답례단은 서울에 도착 후 경주 불국사, 단양 구인사를 거쳐 전남 영광 불갑사와 영광 법성포 간다라 박물관(현 마라난타사) 등을 방문했다.

주요 방문지가 사찰이라 가는 곳마다 다양한 채식을 준비했지만, 이들의 입맛에는 맞지 않는 듯했다. 빵과 홍차 그리고 육식을 즐겨하는 이들에게 사찰식은 조금 버거웠던 모양이었다. 영광 불갑사에서도 하룻밤을 묵은 이들은 필자를 부르더니 크루아상 빵과 블랙티를 아침에 먹을 수 있냐고 물었다. 전날 밤 당시 정기호 영광군수님의 환영 만찬에도 급조한 육식을 별도로 추가한 터라 이들의 입맛이 다를 수 있다고 여겨 영광 읍내에 사는 한승주 거사님에게 부탁드렸다. 급히 한아름 가지고 오셨다. 이미 준비한 불갑사 아침 공양에다 크루아상 빵과 블랙티를 올렸다. 답례단은 영광 불갑사와 마라난타사 일정 중 임시 통역을 맡은 필자에게 본인들 선조님이 불법을 전파하러 오신 곳이라 그런지 방한 중 가장 깊은 숙면과 본인들 입맛에 맞은 음식을 즐겼다고 귀띔했다. 순례길에 수면과 음식이야말로 즐거움을 배가한다는 점에서 공감이 간다고 답변했다.

마라난타 스님의 불법 전래 흔적
불갑사 대웅전 용마루 사리탑과 법성포

아침 공양을 마치고 불갑사 대웅전을 설명하면서 한국 사찰 중 유일하게 대웅전 용마루에 스투파(사리탑)가 있다고 소개했다. 마라난타 스님이 가지고 온 사리를 봉안하기 위해 대웅전 용마루에 스투파를 조성한 것으로 추정된다고 설명했다. 마라난타 스님이 지난 384년 백제 침류왕 왕사로 초빙돼 첫 번째로 조성한 절이라 해서 불갑사(佛甲寺)라고도 했다. 이어 마라난타 스님은 10명의 백제 사람을 제자로 삼았고, 이 스님들의 후학들이 일본에 불교를 전파 시켰다는 설명을 이어갔다. 불갑사를 뒤로 하고 마라난타 스님이 오신 것을 기념하는 법성포 소재 간다라 박물관으로 안내했다. 법성포(法聖浦)는 마라난타 스님이 불법을 전하기 위해서 온 성인(聖人)

이 온 포구라는 뜻을 지닌 지명이라고 설명했더니 이들의 얼굴에는 고마움과 감동이 묻어나기 시작했다.

이어 도착한 간다라 박물관 경내에는 간다라 지역 양식 그대로 간다라 불교를 개화시킨 아소카 대왕의 석주, 탁티바히 절 명상센터를 축소한 석굴, 그리고 박물관과 마라난타사가 조성돼 있었다. 박물관(유물관) 입구에는 마라난타 스님의 입상이 후손들의 답례길을 맞이했다. 박물관 내에는 마라난타 스님이 파키스탄 간다라로부터 순례길에 나서 당시 중국 동진(지금의 절강성)을 거쳐 해류를 따라 영광 법성포에 이르는 이역만리 길의 자취와 조각상이 전시돼 있었다. 수백억 원이 투입된 백제 불교의 첫 도래지 기념관이라는 소개에 이들 답례단은 기쁨을 감추지 못했다. 대한민국이 자신의 선조를 성인으로 받들고, 이처럼 성스럽게 기념할 줄을 꿈도 꾸지 못했다는 것이다. 마라난타 스님 고향에는 이곳 출신이 동양의 먼 나라에 불법을 전파하러 간 성인이었다는 전설이 내려오고 있지만 이처럼 생생하게 예경할 줄은 몰랐다는 이야기였다. 그곳 간다라는 기원전과 기원후 1,000년 동안 세계 문화사에서 가장 찬란한 동서양이 융합된 문화 문명을 구가했지만, 지금은 파괴된 옛 문화를 어렵게 복원하는 중에 뜻하지 않는 성지를 목격한 것이다.

파키스탄 고대사가 1,000년에 빛나는 간다라 불교문화 문명국가였고, 불교사에서 첫 불상의 출현지라는 것을 상기시켰다. 파키스

활안 한정섭 스님이 답례단의 환송 만찬에서 직접 쓴 선시(禪詩) 족자를 전달하고 있다.

탄은 현재 이슬람교의 최고 율법 학자들이 있는 곳이지만 이들 답례단은 자신들의 고대사를 일깨워 준 한국 스님들에게 깊은 인연임을 되새기는 듯했다.

불상은 신의 모습을 사람의 영역으로 환생시킨 상징

카니시카 왕은 바로 그곳 간다라에서 불상(佛像)을 통해 신의 영역을 인간의 영역으로 끌어들이는 역할을 했다. 이 같은 기원이 서린 불상과 불법 등 성물(聖物)을 백제에 전한 마라난타 스님은 백제 그리고 훗날 일본의 정신개벽(精神開闢)을 한 분이었다. 중국불교도 간다라로부터 유입됐고 한국불교의 뿌리도 간다라는 점에서 특히, 삼국시대 유입된 불교 중 백제 불교는 간다라 출신 스님이 직접 전래했다는 점에서 주목할 필요가 있다. 그런 면에서 영광 불갑사와 법성포 '간다라유물관'은 마라난타 스님에 대한 결초보은(結草報恩)의 상징이라고 순례단과 답례단은 평가했다.

INFORMATION

불갑사(佛甲寺)

전라남도 영광군 불갑면 모악산(母岳山)에 있는 삼국시대에 창건된 절이다. 대한불교조계종 제18교구 본사인 백양사(白羊寺)의 말사이다. 일설에는 384년(침류왕 1)에 행사존자(行士尊者)가 창건하였다고 하였는데, 행사존자는 마라난타(摩羅難陀)의 다른 이름이다. 이 이야기에 따르면 마라난타가 백제에 불교를 전래한 뒤 최초로 세운 절이 되는데, 마라난타가 불갑사 부근의 법성포(法聖浦)를 통하여 들어왔으므로 다소 신빙성이 있다. 이 절이 크게 번창한 것은 고려의 진각국사(眞覺國師)가 머무르면서부터이다. 당시 이 절에는 수백 명의 승려가 머물렀고, 사전(寺田)이 10리에 미쳤다고 한다. 그 뒤 많은 중수를 거쳐 오다가 정유재란 때 전소된 뒤 법릉(法稜)이 중창하였고, 1623년(인조 1) 대웅전의 본존불상을 조성하여 봉안하였다.

13 불상은 시대와 민심, 신심에 따라 변화

불상은, 쿠샨 왕조 카니시카 왕이 간다라 지역에서 이민족과 이교도들을 불상으로 화합과 통합을 도모하기 위해, 처음 등장했다는 것이 학계의 학설이다. 조로아스터교 신도였던 카니시카 왕이 불교로 개종하면서 본인 스스로뿐 아니라 이민족과 이교도 연합체 국가인 쿠샨 왕조의 사상과 종교를 하나로 통합하려는 수단으로 그리스 조각 양식을 빌려 불상을 조성했다고 한다. 초기 불교 시절에는 부처님을 인간의 모습으로 형상화하지 않은 불상불가론(佛像不可論)이었고, 부처님 열반 후 500년 동안이나 불상이 없었다가 카니시카 왕 때 처음으로 불상이 등장한 것은 이 같은 정치 상황과

밀접한 인연에서 비롯되었다는 주장이 제기돼왔다.

불상의 출현은 당시나 지금이나 신앙과 통합이라는 측면에서 다르지 않아 보인다. 종교라는 실체를 불상을 통해 현실화하려는 다양한 모습을 보여줬기 때문이다. 또한 그 불상은 시대와 나라마다 표현하는 방법도 각기 달랐다. 불교가 전파되는 과정에서 토착신앙과의 대척점이 아닌 화합을 도모하려는 시도는 불상에서도 잘 나타나 있다.

마라난타, 불상과 사찰건축 처음으로 백제에 소개

불교가 한반도에 전래하는 시점인 4세기경, '불상의 나라 간다라 지역' 출신인 마라난타 스님이 384년 9월께 백제로 온 것도 이와 다르지 않다. 마라난타 스님은 당시 침류왕 원년에 백제 왕사로 왔다. 당시 한반도 상황은 백제를 중심으로 고구려, 신라가 치열한 대치를 하고 있었던 시대였다. 삼한을 삼국이 각각 흡수 통합하는 과정에서 백제, 고구려, 신라도 각기 내치 안정과 함께 국내외 외교전에도 치열한 공방을 벌이는 때에 불교가 그 사상적 기반을 다지는 데 중요한 역할을 했다고 한다.

백제 왕실이 의술과 불법으로 이적을 보이고 있다는 중국 동진

전국 사찰 중 유일하게 불갑사 대웅전 용마루 중앙에 스투파(사리탑)가 있다. 이로 미루어 마라난타 스님이 백제에 불교를 전파 시 간다라 지역의 사리탑을 축소해 조성했을 것이라는 추론이다.

대웅전 용마루 위의 스투파.
(사진 제공: 국립문화재연구원)

에서 건너온 마라난타 스님을 왕사로 모신 것도 불교를 통해 국론을 통합하고 불법으로 나라의 안녕을 기원하려는 의도였다. 당시 백제에도 토속신앙과 도교가 공존하고 있었지만 각기 다른 점 때문에 국론통합을 하기에는 역부족이었다. 고구려의 경우 불교의 부흥을 못마땅하게 여긴 왕실이 도교를 대대적으로 지원하자 고구려 스님이 백제로 종교적 망명을 한 기록도 나올 정도이고 보면 삼국시대 초기에 사상을 통한 국론통합도 크나큰 과제이었음을 알 수 있다. 백제는 이 같은 당시 상황을 고려해서 국제질서의 사상적 축을 갖춘 불교를 받아들였음을 엿볼 수 있다. 간다라 지역을 중심으로 동서양의 문화 문물의 상징이라 할 수 있는 불교와 불상을 침류왕이 직접 받아들여 왕실로부터 점차 민간으로 확산시켰다는 점이 이를 잘 말해준다. 이를 위해 고구려와 신라와는 달리 중국을 통하지 않고 불상의 본고장 출신인 마라난타 스님을 모신 것이다.

《해동고승전》과 《삼국유사》에는 마라난타 스님이 이적을 보였다는 기록들이 남아 있다. 외국 스님이라는 것부터가 특이한 대목이다. 두 기록에는 마라난타 스님을 동진에서 백제로 온 호승(외국 스님)이며 신묘한 이적은 짐작할 수 없을 정도이고 어느 곳에도 머물지 않고 전국을 순회하면서 불사를 했다고 한다. 침류왕은 그를 때때로 궁중에 머물게 하고 예로써 공경했고, 마라난타 스님의 법문을 듣기 위해서 사람들이 몰려드는 모습이 마치 왕의 명을 받고 몰려드는 것과 같았다고 소개했다.

이를 보면 백제 침류왕이 외국 스님을 왕사로 모신 것 자체로 백제의 대외 개방적인 모습을 알 수 있다. 지금 같으면 거센 저항에 부딪힐 일이지만 백제는 한반도뿐 아니라 중국 그리고 유럽지역까지 활발한 교역에 나선 것으로 볼 수 있다. 그 상징이 바로 마라난타 스님이다.

삼국 불상 통해 민심 수습과 국론통일 도모

당시에는 없었던 불상이 마라난타 스님을 통해 처음 소개됐고 마라난타 스님은 본인이 처음 도착한 영광 법성포를 중심으로 불갑사를 창건했다. 또 지금의 서울 우면동에 대성사 그리고 변방과 접경지역에 사찰을 창건했다는 기록을 보면 사찰과 불상을 통해 호국과 민심 통합을 꾀한 것이다.

385년 백제의 수도 한산주에 절을 지어서 승려 10인을 출가시켰다는 설과 함께 현재 몽촌토성이나 풍납토성 등 백제 유적에서 불교 관련 유물들이 발굴된 점은 당시 고구려와 한강을 두고 최전방지역에 절을 세웠다는 설이 사실로 인정되고 있다. 만들어진 이야기가 아니라는 것이다.

영광 불갑사 목조석가여래삼불좌상.

백제는 마라난타 스님이 전한 불상, 불경 그리고 사찰건축을 대를 이어 확산시켰고 500년대에는 노리사치계(怒利斯致契)를 통해 일본에 불교를 전파하는 등 불교를 통한 국제질서에 적극적인 역할에 나섰다. 우리가 살고 있는 현 시절이 사상적으로 자본주의와 공산주의라면 당시 4세기경 국제질서는 불교를 통한 사상과 종교통합이 확산하는 시기였다. 백제가 삼국 중 당시 국제질서에 적극적으로 나섰음을 알 수 있다. 고구려와 신라가 불교를 수용하는 데 우여곡절을 겪었지만, 백제는 마라난타 스님을 왕사로 모시면서 왕실 주도로 불교를 받아들였다.

왕실로부터 전파된 다양한 형태의 불상과 복식 그리고 불경은 토착신앙과 공존을 꾀했고 백제의 국론통합에 크게 기여한 것으로 평가받고 있다. 마치 쿠샨 왕조 카니시카 왕 때 불상의 조성 연유와 다르지 않다. 신라도 자장과 의상 스님을 중국으로 유학을 보내 사리와 불경을 포함한 성물(聖物)을 들여왔다. 이를 고구려와 최전방 지역인 강원도 일대에 사찰을 창건하고 사리를 봉안한 것을 보면 민심 통합과 불법을 통해 나라를 수호하려는 왕조의 흔적들을 사적기를 통해 알 수 있다.

선운사 도솔암 마애불.

불상도 시대와 민심, 신심 대변

불상으로 대변되는 간다라 문화 문명의 고향 출신인 마라난타 스님은 당시 서방의 문화 문명을 백제에 직접 전수했다. 백제 출신을 스님으로 출가시킨 백제 불교의 시조였다는 점에서 재조명받을 만하다. 불상과 불교만을 전파한 게 아니라 당시 세계 최고의 문화 문명을 백제에 전수했다는 점 때문이다.

전수한 문화 문명과 함께 불상의 변천도 1,600여 년이 흐르는 동안 진화되고 있는 모습을 각 사찰의 불상을 통해 엿볼 수 있다. 간다라 지역의 불두와 불상과 원형은 비슷하지만 전혀 다른 모습이다. 그 시대상을 불상을 통해 구현했을 뿐만 아니라 사찰이 위치한 산세와도 조화를 꾀했다는 것을 엿볼 수 있다. 관세음보살이 상주한다는 산에는 관세음보살상, 약사여래의 기운이 깃든 곳은 약사여래상, 아미타불이 주석한다는 곳에는 아미타불상 등을 모신 것만으로도 민간 신앙을 수용하고 함께 공존하려는 불상의 기원과도 일맥상통한다.

불교가 처음 유래된 삼국시대 때는 지금과 다른 화엄종·열반종·법상종·관음종·계율종 등 5종파가 유행했고, 종파마다 모시는 주불이 달랐던 점도 이와 다르지 않았다고 본다. 간다라에서 만난 불상과 불갑사 대웅전 불상, 일본에 전한 반가사유상, 선운사 도솔암 마애불, 성북동 길상사 경내 관세음보살상 등은 시대와 사상이 변천하는 동안 불상도 어떻게 변하는지를 대변하고 있다. 불상을 통해 민심과 신심을 적극적으로 수용했음을 알 수 있다.

○○○ INFORMATION

약사여래(藥師如來)

중생의 질병을 고쳐주는 약사신앙의 대상이 되는 부처님 약사유리광여래(藥師瑠璃光如來)·대의왕불(大醫王佛)이라고도 한다. 동방 정유리세계(淨瑠璃世界)에 있으면서 모든 중생의 질병을 치료하고 재앙을 소멸시키며, 부처의 원만행(圓滿行)을 닦는 이로 하여금 무상보리(無上菩提)의 묘과(妙果)를 증득하게 하는 부처님이다. 《약사여래본원공덕경》에 근거하여 약사여래를 신봉하는 약사신앙은 우리 나라의 고대에서 뺄 수 없는 중요한 신앙 형태였다. 그의 이름을 외우고 그의 가호(加護)를 빌면 모든 재액이 소멸되고 질병이 낫게 된다는 실리적인 신앙은 일반 민중들 사이에서 강한 설득력과 호소력을 가졌다.

14 한국불교 1638년 만에 마라난타 스님 회향길에 나서

대승불교와 불상 등 간다라 문화 문명을 백제에 전한 간다라 출신 마라난타 스님의 모국 파키스탄과 대한민국 간 큰 의미를 담은 회향식이 있었다. 대한민국 문화체육관광부 산하 문화재청은 파키스탄 문화유산청과 문화유산 공적개발원조(ODA) 양해각서를 2021년 10월 21일 체결했기 때문이다. 회향식은 대한민국이 파키스탄 북부지역 간다라 유적 정비·활용과 기록화 사업을 5년간 지원한다는 각서이다. 이를 위해 400만 달러(47억 원 규모)를 투입한다. 마라난타 스님이 불교와 불상이라는 불씨를 전한 1638년 만에 고향 땅에서 그 업적을 높이 사는 회향이라 할 수 있다. 수많은 이들이 전등불(傳

한국 문화재청 관계자들이 파키스탄 수도 이슬라마바드에서 관계자들과 간다라 문화재 복원에 관한 양해각서를 체결 후 기념사진을 찍고 있다. (사진 제공: 문화재청)

燈佛)이 돼서 대승불교의 고향에 보은한 것으로 평가받을 만하다.

파키스탄 간다라 지역은 기원전 500년에서 서기 500년까지 1,000년 동안 서유럽인 그리스·로마, 중앙아시아 그리고 인도와 중국을 잇는 비단길(실크로드) 중심부였다. 이 지역을 일러 고대 동서양 문화 문명을 융합한 간다라 문화 문명이 꽃핀 곳이라고 역사는 기록하고 있다. 그 문화 문명의 상징이었던 불교와 불상을 백제에 소개한 이가 바로 그곳 출신 마라난타 스님이다. 서기 384년 지금의 파키스탄 간다라 지역 초타 라호르 출신의 마라난타 스님이 백제 침류왕 원년에 국사로 초빙돼 왔다. 왕실에서 직접 삼고초려한 사례이다. 이전 삼한시대에도 인도 아유타국 출신 허황후가 지금의 김해 가락국 김수로왕에게 왕비로 시집와 아들 7명을 출가시킨 예는 있다. 하지만 삼한이 고구려, 백제, 신라로 흡수 합병 이후 왕실 차원에서 호국(외국) 스님을 공식 국사로 모신 첫 번째 스님이 마라난타 스님이다.

백제, 불교를 국교로 수용 국론통일과 민심 수습 나서

서기 100년 전후로 당시 시대 상황은 토속신앙, 도교, 그리고 산발적으로 불교가 유입되는 과정이라 삼국은 딱히 어느 신앙을 국교라고 공식화하지 않았음을 알 수 있다. 이는 삼국뿐만 아니라 세계 불교사의 중심지인 인도 역시 힌두교, 조로아스터교, 불교 등 수많은 종교가 혼재한 당시 시대 상황과 다르지 않다, 특히 간다라 지역 역시 아소카 대왕에 이어 카니시카 왕 때에 이르러 불교를 국교로 삼아 국론통일과 민심 통합을 도모한 흔적이 바로 불상과 불경 그리고 이를 체계화한 의식이었다.

백제 왕실도 삼한 중 마한을 흡수한 형국이라 어떤 형태로든 국론을 통합하고 민심을 수습해야만 하는 수습책이 필요한 때였다. 이때 등장한 이가 바로 마라난타 스님이었다. 당시 중국과 활발한 교류를 해온 백제는 중국 동진에서 신출귀몰과 이적으로 불교를 포교 중인 외국인 스님이 있다는 소문을 접하고 사신을 보내 국사로 모시는 결단을 내렸다. 《삼국유사》와 《해동고승전》 등에 따르면 그 시기가 바로 384년 9월 마라난타 스님 일행이 지금의 전라남도 영광군 법성포를 통해 백제로 오게 된 계기이다. 그냥 오지 않았다. 불상과 불경 등 성물(聖物)을 백제 왕실에 전하고 백제 최전선이라 일컬어지는 영광, 나주부터 북쪽으로는 고구려와의 접경지역인 한강 인근 우면산 대성사와 몽촌토성 곳곳에 사찰과 함께 불상을 조성했다. 석가모니 부처님 열반 이후 500년 만에 간다라 지역에서 처음 등장한 불상을 포함한 성물이 백제 왕실로 불교와 함께 전해진 것이다. 백제식 건축 양식에 간다라식 불상과 성물이 융합한 백제 불교가 서막을 연 것이다. 백제 불교는 백제에 그치지 않고 일본 왕실에 직접 불교를 전파했다는 점에서 동북아시아에 간다라 문화 문명의 진수를 수용하고 재탄생시키는 역할을 한 것으로 볼 수 있다.

지난 2012년에 민희식, 활안 한정섭 스님을 포함한 19명의 순례단과 함께 다녀온 간다라는 그야말로 종교·정치·군사·문화 등 모든 면에서 여러 이질적인 성분이 섞인 철광석을 용광로처럼 녹여 새로운 철로 재탄생시킨 흔적들이 넘쳐났다.

불상 이전의 각기 서로 다른 토속신앙, 다른 종교, 수많은 전쟁사 속에 이민족 간 문화 혼재 기록들이 간다라 지역 곳곳의 박물관에 고스란히 보존돼 있었다. 불교와 불교 유적지가 수많은 전란 속에 파괴되고 국교마저 이슬람교로 송두리째 뒤바뀌었지만, 그 흔적과 유적지만은 남아 있었다.

옷깃만 스쳐도 인연이 된 간다라 불교의 부활

이번 양해각서는 그 유적지를 복원하는 데 동참한다는 것이다. 이를 위해 간다라 유적을 현장 조사해서 유물을 목록화하고, 보존관리 센터 개설과 보존처리 전문인력 양성, 정보통신 기술을 활용해 도면·고문헌·사진 등을 모아 데이터베이스를 만들고, 디지털 전시관

주한 파키스탄 대사가 대한불교조계종 원행 총무원장 스님을 예방 후 기념사진을 찍고 있다. (사진 제공: 대한불교조계종)

라호르 박물관을 방문한 대한불교조계종 원행 총무원장 스님이 방명록을 작성하고 있다. (사진 제공: 대한불교조계종)

을 조성하는 데 400만 달러를 지원한다고 한다.

여기까지 오는 데 1638년이라는 세월이 흘렀다. 384년 백제 침류왕 때 마라난타 스님이 온 이후 백제 역시 삼국통일 과정에서 신라에 흡수 통합되는 비운의 역사 속에 잊혀진 터라 불교사에도 설화나 전설로만 구전할 뿐이었다. 파키스탄의 간다라 고대사가 잊혀졌던 것처럼 백제 불교도 승자의 태양에 가려져 달밤 신화 속에 묻혔던 것이다.

신화를 다시 역사 속에 등장시킨 인연은 뜻밖에도 프랑스에 유학 중인 불문학도였다. 1950년 프랑스를 유학 중인 민희식이라는 유학생이 우연히 도서관에서 발견한 간다라 문화와 불교와 인연을 맺었다. 불문학자의 꿈을 품고 프랑스로 간 유학생이 어느 날 도서관에서 간다라 문화의 보고를 알게 됐고, 그 문화가 백제에 전래된 것을 알았다. 그것을 계기로 뜻밖의 불교 포교에 나선 것이다. 그가 귀국 후 이를 적극적으로 전파한 이유는, 그도 영광지역과 인연이 있었기 때문이다. 그의 아버지가 일제강점기 전라남도 영광과 함평에서 공익의사로 활동했는데, 그도 아버지를 따라 이 지역의 초등학교를 다녔던 추억이 있었기 때문이다. 그 지역에 간다라 불교가 전파됐다는 기록을 봤던 것이 계기가 되었다고 한다. 불가에서 말하는 옷깃만 스쳐도 인연이었다. 유년 시절을 보냈던 영광에 간다라 불교가 전래한 것을 알게 된 민희식 박사는 수많은 저서를 통해 간다라 문화와 불교를 알리는 데 앞장섰다. 그리고 만나는 스님마다 불상과 불교 그리고 대승불교의 뿌리가 간다라 지역임을 설파한 것이다.

기독교 신자가 대승불교와 간다라 불교를 알리는 보살로

독실한 기독교 신자였던 박교순 씨는, 어느 날 문득 삶의 의미를 찾으려 유럽 여행을 꿈꿨다. 당시 불문학자로 정평이 나 있었던 민희식 교수에게 갈 곳에 대한 조언을 구했는데, 그는 파키스탄 간다라 지역을 추천했다고 한다. 유럽은 서양 편향적이지만 간다라 지역은 동서양을 균형 있게 볼 수 있는 곳으로 권했다고 한다. 박교순 씨는 민 교수의 추천으로 파키스탄 간다라 지역으로 향했고, 그곳에서 불상을 만났다. 불상과 박교순 씨는 한순간 물아일체였다고 한다. 그 인연으로 여성임에도 이슬람 국가인 파키스탄 유학길에 나섰고, 간다라 불교 미술학을 전공하여, 박사학위까지 취득했다. 이후 한국과 파키스탄 간 간다라 문화의 든든한 징검다리 역할을 하고 있다. 민희식 교수와 박교순 박사가 없었다면 간다라 문화 문명도 역사 속에서만 스쳐 간 기억 속에 묻혔을 것이다.

그 둘이 놓은 간다라 불교와 문화의 징검다리를, 이제는 많은 스님·학자·불교도들이 오가고 있다. 파키스탄 정부조차 자신의 고대사를 까맣게 잊고 있었는데, 이를 대한민국 스님·학자·교수들이 일깨운 것이다. "만남에는 헤어짐이 정해져 있고 떠남이 있으면 반드시 돌아옴이 있다(회자정리거자필반, 會者定離去者必返)"라는 말처럼 간다라 불교와 한국불교사가 다시 만났다.

박교순 박사는 파키스탄 현지에서 간다라 불교문화사를 전공 중이던 지난 2002년, 파키스탄 문화관광부 장관에게 천태종 총무원장 이하 천태종 각 부장 스님들을 초청하도록 하였다. 그리고 이를 계기로 한국과 파키스탄 문화교류에 초석이 놓였다. 이때 파키스탄을 방문한 전운덕 천태종 총무원장은 당시 무샤라프 대통령과 면담에서 파키스탄 고대사가 불교였음을 설파했고, 파키스탄 불교 유적지 복원에 힘써달라고 했다고 한다. 무샤라프 대통령은 스님의 조언에 자기 나라의 찬란했던 고대사를 깨닫게 돼 화들짝 놀랐다고 당시 배석했던 박교순 박사는 귀띔했다. 무샤라프 대통령은 즉시 배석한 관료(우리로 치면 문화관광부 장관)에게 순례단이 이야기하는 모든 내용을 정리해서 복원방안을 강구하도록 했다고 한다. 또한, 한국 사찰의 복원과정에 관한 설명을 듣고, 어느 때든지 와서 자문해달라고 했다고 한다.

이 인연으로 마라난타 스님이 왔던 영광군의 군수와 군의회 의장단 일원, 대한불교조계종 원행 총무원장 스님을 포함한 스님들의 순례길이 이어졌다. 영광군은 이를 계기로 상호교류를 위한 양해각서도 맺었다. 대한민국도 드디어 국가 차원에서 지원에 나섰다. 문화재청이 간다라 문화유적 복원에 400만 달러를 지원하기로 했다. 마라난타 스님은 실크로드를 따라 중국 절강성을 거쳐 영광 법성포로 왔다. 오랜 시간이 지나 한국의 영광군수와 군의회 의장단, 그리고 스님들이 반대로 가는 길을 복원하였다. 마라난타 스님이 씨앗을 뿌린 지 1638년 동안 끊임 없이 회향길을 열고 있다. 어느 종교·문화 역사에서도 수천 년이 흐른 후, 이처럼 끈을 놓지 않고 뿌리를 찾고 승화시키려는 시도는 없을 것이다. 이 같은 노력과 열정이 문화와 종교 간 신실크로드를 여는 길이기를 바란다.

INFORMATION

간다라(Gandhara)

인더스강 중류에 있는 파키스탄 페샤와르 주변의 옛 지명. 기원전 1500년경 아리아인이 이곳을 거쳐 인도에 들어갔으며, 그 후 페르시아의 아케메네스왕조, 알렉산더대왕, 박트리아의 그리스인, 샤카족, 파르티아족, 쿠샨족, 사산왕조의 페르시아, 키다라, 엡타르, 서돌궐 등 외래 종족의 지배를 받았다. 이민족들이 인도로 오는 통로이기도 했으며, 불교와 같은 인도문화가 다른 세계로 전파되는 길목이기도 하였다.

기원전 4세기경 알렉산더대왕이 침입한 이후 동서간 문화교류가 활발하게 진행되었으며, 기원전·후 수 세기 동안 독특한 불교문화를 이루는 계기가 되었다. 이 시기의 불교문화를 간다라 문화라고 하는데, 2세기 쿠샨 왕조를 일으킨 카니시카 왕 때 전성기를 맞이하였다. 특히 불상 조성에 헬레니즘 양식을 반영하여 중국과 한국, 일본 등 동아시아 불교미술에 큰 영향을 끼쳤다.